地図で見る中東

中東は、中央アジア南部から、アラビア半島、ペルシア湾沿岸、地中海東岸、さらには北アフリカにまたがる地域です。この本では、東はアフガニスタンから西はモロッコ、北はトルコから南はイエメンまでの国々をふくめて紹介しました。

※1 パレスチナを国家とみとめている国もあるが、日本はみとめていない。
※2 自治政府所在地。
※3 イスラエルは首都と主張しているが、日本をふくめ国際的にはみとめられていない。

イスラームの人々・ムスリム
そのくらしと宗教

Q&Aで知る 中東・イスラーム 3

イスラームの人々・ムスリム
そのくらしと宗教

監修のことば

日本ムスリム協会理事
樋口 美作

　みなさんは、イスラーム（イスラーム教）と聞いて、どんなことを思いうかべますか。

　ともするとそれは、きびしい、こわいといったイメージかもしれません。イスラームには、一部の過激派の行動によって、暴力的で他人の意見を聞かない排他的な宗教、と受けとめられている面があります。いうまでもなく、これらはほんとうのイスラームの姿ではありません。

　ムスリム（イスラーム教徒）は、唯一の創造神であるアッラーを信じて、来世は「楽園」にはいることを最大の願いにしています。そのために神ののぞむ、よいおこないを日々たくさんしようと考えています。また人間は、ぐうぜんにこの世に生まれたのではなく、神の意志によって両親を通じて生まれた、いわば「神の代理人」なのです。両親をだいじにし、自分と他人の命を大切にし、たがいに助けあわなくてはいけない、とも教えています。こうしたことから、ほんとうのイスラームは、他者をわけへだてしない、やさしく心の広い宗教であることが理解できると思います。

　みなさんが将来ムスリムと出会い、自分の知らない文化や習慣にとまどったとき、この本が役に立つことでしょう。お祈りや断食、預言者ムハンマドのことなど、イスラームをより深く知り、その人を理解することで、きっとよい友だちになれるはずです。そうして、いわば国際人として対話を深めることができれば、ひいては世界を争いのない、平和なところへと導いていくにちがいありません。

　この本をきっかけに、みなさんがイスラームを知り、異文化への理解をさらに深めてくださればうれしく思います。

もくじ

4 「イスラーム＝テロと思わないでほしい」
メレー・アナス・ムハンマド

7　1章　中東ムスリムのくらし

8 「イスラーム」って なに？
10 ムスリムがしなくてはならないことってなに？
12 ムスリムは1日をどんなふうにすごすの？
14 ムスリムはどんな一生を送るの？
16 学校ではどんな授業がおこなわれているの？
18 ムスリムの人たちは世界にどのくらいいるの？
20 <もっと知りたい！ 中東>　神のことば『クルアーン』

21　2章　イスラームってどんな宗教？

22 イスラームを広めたムハンマドってどんな人？
24 イスラームって きびしい宗教なの？
26 女の人の権利が弱いってほんとう？
28 モスクって なにをするところ？
30 巡礼って どんなことをするの？
32 ムスリムは断食をして水も飲まないってほんとう？
34 なぜ豚肉やお酒が禁止されているの？
36 <もっと知りたい！ 中東>　同じひとつの神を信じる3つの宗教

37　3章　中東の衣食住

38 中東にはどんな人たちが住んでいるの？
40 中東の伝統的な服はどんなもの？
42 中東にはどんな料理があるの？
44 東南アジアにもムスリムが多いってほんとう？
46 <もっと知りたい！ 中東>　伝統的な子どもの遊び

47 さくいん
48 おもな参考文献

巻頭インタビュー◎メレー・アナス・ムハンマド

イスラーム＝テロと思わないでほしい

　サウジアラビアのメッカ出身のメレー・アナス・ムハンマドさんは、2007年、サウジアラビアの奨学金を受けて来日しました。まず日本語学校で日本語を学んだあと、大学に入学。工学を学んで優秀な成績をおさめ、現在はそれを生かして日本の企業で働きながら、各地の学校などでの講演を通じてアラブ文化を紹介する活動にも積極的にとりくんでいます。10年以上にわたり日本で生活してきたなかで感じたことや、イスラームのきまりを守りながら生活する気持ち、サウジアラビアでの学校生活などについて語ってくれました。

メレー・アナス・ムハンマドさん（右）
サウジアラビア・メディナの預言者のモスクで、友人と。メディナはメッカにつぐイスラームの聖地とされており、巡礼のときにおとずれる人も多い。

Q. 来日して感じたことやこまったことはありましたか。

　はじめて日本に来た20歳のときは、日本語がうまくなかったこともあり、壁を感じることがありました。また、当時はムスリム（イスラーム教徒）に配慮してくれるお店が少なく、食べものにもこまりました。しかし、イスラーム（イスラーム教）で禁じられている食べものを書いたカードを日本語学校でつくってもらい、それをお店の人に見せて理解をもとめると、ていねいに対応してもらえました。日本人は外国人に対して少しおくびょうなところがありますが、歩みよっていけばとても親切だと感じました。

Q. ムスリムとして日本でくらすうえで、不便なことはありませんか。

　いまは日本語がうまくなったので、不便を感じることはあまりありません。ハラール食品をあつかうお店もずいぶんふえ、家の近所のスーパーでも売っているほどです。職場でも理解してくれていて、毎日の礼拝の前に体を清めるときに足を洗面台に上げないなど、まわりにめいわくをかけないためのルールを話しあって決めています。おたがいにきちんと意見を出して相談することで、いろいろな不便を解消することができると思います。

Q. たくさんあるイスラームのきまりを守りつづける生活は、大変ではないですか。

　きまりを守っている人は、よいムスリムになるために進んで守っているのです。成績を上げたくて進んで勉強するのと、気もちは似ています。きまりを守らない人もいますが、アッラー以外の神を崇拝するなどのムスリムとして絶対にしてはいけないことをしないかぎり、きまりを守らない人に「守ったほうがいいよ」とアドバイスはしても、無

理強いしたり、せめたりはしません。このように、きまりを守るかどうかは個人の信仰の問題で、いやいやながら守っている人は基本的にいないはずです。だから、大変だと感じることもありません。

Q. ムスリムの義務のひとつ、ラマダーン月の断食はつらくないですか。

おなかは空きますが、つらいと思うよりも、食べたくても食べられない貧しい人のことを考えたり、いまがまんできればどんなことでもできるという前向きな気もちになったりします。断食を終えたあとの食事のおいしさやありがたさは格別で、自然と喜捨（寄付）をしたくなります。ラマダーン月は断食だけではなく、怒りなどの悪い気もちをおさえ、よいおこないをする月ですから、争いごともなく、みんながやさしくなります。ラマダーン月の前は、がんばればきっとよいことがあると思ってわくわくします。

Q. ムスリムの考え方がよくわかることばはありませんか。

神様のおかげで、といった意味の「アルハムドゥリッラー」はどうでしょう。食後や、なにかがうまくいったとき、また、思いどおりにならなかったときにも使うことばです。成功しても失敗しても同じことばを使うのは、ふしぎに思われるかもしれませんね。でも、うまくいったことだけではなく、うまくいかないのも神様が決めたこと。失敗したとしても神様や人のせいにしないで、あきらめず、つぎこそは神様が助けてくれると信じてがんばろうと、気分を切りかえることばです。

Q. サウジアラビアでの学校生活について教えてください。

小学校は7時くらいに朝の体操からはじまり、6年生でも午後1時半ごろには終わります。ラマダーン月には、学校も短縮授業になります。時間割のうち、半分近くがイスラームを勉強する時間になっています。日本と同じように国語や算数などの時間もありますが、算数の時間が日本より少し多いかもしれません。小学生でも成績が悪いと進級できないので、学期に2回あるテストはとても真剣です。クラブ活動もあり、スポーツではサッカーが人気ですね。放送部も人気で、毎朝イスラームの教えに関する話を流したりします。そのほか、スポーツ大会や、絵や工作の発表会、クイズ大会などのイベントもありますよ。

Q. 日本の子どもたちに、イスラームをどのように理解してほしいですか。

イスラーム＝テロ、危険だと思いこまないでほしいです。いまムスリムは世界に16億人いますが、みなテロリストだったら、地球はとっくにほろんでいるでしょう。イスラームは、神様が教えてくれた、よい人生を送るための方法です。過激な思想にとらわれているごく一部の人たちのために、イスラームにまちがった印象をもってほしくないですね。

メレー・アナス・ムハンマド

1987年サウジアラビアのメッカ生まれ。日本工業大学大学院博士後期課程、東邦チタニウム株式会社社員。アブドラ国王奨学金プログラムにおける日本への第1期派遣生として、2007年に来日。日本工業大学・同大学院でナノ材料工学を学び、2015年より現職。講演や文化交流活動にもとりくむ。

アナスさんのポートレイト

サウジアラビア・メッカでくらす家族と
イスラームの第一の聖地、メッカのカーバ神殿のすぐそばで生まれたというアナスさん。メッカの家族とはひんぱんに連絡をとっている。

大学院の修了式で、恩師の渡部修一教授と
大学を卒業後、さらに大学院で学問を深めた。専門的な議論がこなせるほど日本語も上達し、いまでは日本で壁を感じることもない。

写真提供：東邦チタニウム株式会社

日本の仕事場で
飛行機の部品などに使われる金属チタンを製造する会社で働く。会社は他社と合弁でサウジアラビアでの工場建設を進めている。

この本の使い方

この本では、中東の人々のくらしについて紹介します。1見開きごとの「Q&A」形式となっていて、写真や絵をそえてくわしく解説しています。

質問Q タイトルは、質問形式で見開きのテーマを表しています。

答えA 質問に対する答えです。ページ全体でくわしく解説しています。

関連ページ
くわしく解説しているページを表しています。

欄外コラム
おもしろい豆知識の紹介、文中に出てくる用語の解説をしています。

豆知識

コラム
関連することがらを、よりくわしく解説しています。

● 基本的な用語の説明

中東……中央アジア南部から、アラビア半島、北アフリカにまたがる地域のこと。この本の前見返しに地図があります。
イスラーム……7世紀におこった、世界で16億人が信じる大きな宗教。イスラム教、イスラーム教ともよばれる。
ムスリム……イスラームを信じている人々のこと。イスラーム教徒。中東や東南アジアに信者が多い。
アッラー……唯一の創造神。慈悲深さがその特徴といわれる。ユダヤ教、キリスト教も同じ神を崇拝している。
ムハンマド……7世紀に神アッラーから啓示をあずかり、イスラームをおこした預言者。
クルアーン……イスラームの聖典。コーランともいう。ムハンマドが神からあずかった啓示が、アラビア語で編さんされている。
スンナ派……イスラームの2大宗派のひとつ。スンナは慣習という意味。中東でのおもな大国はサウジアラビアやトルコなど。
シーア派……イスラームの2大宗派のひとつ。シーアは党派という意味。中東でのおもな大国はイラン。
メッカ……サウジアラビアにあるイスラーム最大の聖地。ムハンマドがはじめて啓示を受けた。正式にはマッカと発音する。

この本では、イスラーム教を「イスラーム」、イスラーム教徒を「ムスリム」、コーランを「クルアーン」と表記しています。

シリーズ「Q&Aで知る中東・イスラーム」全5巻

1 『なにがおきてる？　現代の中東ニュース』
2 『イスラーム誕生から二十世紀まで　中東の歴史』
3 『イスラームの人々・ムスリム　そのくらしと宗教』
4 『砂漠と石油と水と都市　中東の地理と産業』
5 『地図・写真・データで見る　中東の国々』

この巻では、中東のムスリムがどんなくらしをしているのか、紹介していくよ。

三日月先生　その生徒たち

1章 中東ムスリムのくらし

▲エジプト・ナイル川流域、おだやかな気候のヌビア地方にくらすムスリムの家族。

1章 中東ムスリムのくらし

「イスラーム」って なに？

ムスリムの女の子たち
ムスリムの女性は大人になると髪の毛をかくすことが多い（→41ページ）。もちろん子どものうちからかくす人もいる。

●ムスリムの友だちができる日

　最近、テレビや新聞で「イスラーム」ということばをよく聞くようになりました。イスラーム（イスラーム教）は、キリスト教や仏教と同じように、世界じゅうでたくさんの人々が信じている宗教のひとつで、その信者は16億人をこえるといわれています。
　日本でくらしていると、ムスリム（イスラーム教徒）に会って話をする機会があまりなく、イスラームがどんな教えで、ムスリムがどのようなくらしを送っているかは、なかなか知ることができません。しかしこれからは、日本をおとずれたり、日本でくらしたりするムスリムがふえていくといわれています。学校でも、きっとムスリムの友だちができることでしょう。
　人と仲よくなるためには、相手を理解し、考えを知ることが大切です。その相手がもしムスリムなら、イスラームとはなにか理解することが、大切になります。

東京の明治神宮をおとずれた人々
日本をおとずれるムスリムはふえている。2013年には29万人だったが、オリンピックの開かれる2020年には、100万人にも上ると予想されている。

「イスラーム」って、どんな意味？
イスラームは、もともとはアラビア語で「神の教えに身をゆだねること」という意味。イスラームということば自体に、「教え」という意味もふくまれるので、「イスラーム教」より「イスラーム」のほうがより正しい言い方といえる。

A

預言者ムハンマドが広めた、神アッラーの教えのこと。
世界で16億人が信じる、大きな宗教だよ。

● どんな宗教なの？

世界じゅうで信じる人がふえつづけているイスラームとは、いったいどんな宗教なのでしょうか。

イスラームは610年ごろ、いまのサウジアラビアのメッカから広まりました。メッカで生まれた商人ムハンマドが、唯一の神とされるアッラーからお告げを受けて、広めたのです。

ムハンマドは、アッラーのことばをあずかって、それを人々に広めたので、預言者とよばれます。神のことばは、のちに『クルアーン（コーラン）』という書物にまとめられ、ムスリムのよりどころとなる聖典となりました（→20ページ）。

またイスラームは、ユダヤ教、キリスト教につづいて神のお告げを受けた最後にして最高の宗教とされ、これよりあとに新しい宗教は生まれないと信じられています。キリスト教でいう神父や牧師、または仏教でいうお坊さんのような聖職者はおらず、信者のあいだにも上下関係はなく、平等です。

神と人間のあいだにはなにも存在せず、信者が直接神と向きあうというところも、イスラームの大きな特徴です。

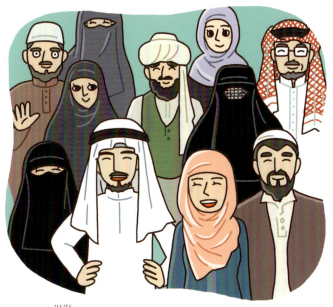

ムスリムの人々
イスラームは、地域や人種の区別なく、広く信仰されている宗教だ。

● あつかうのは心だけじゃない

わたしたちになじみのある仏教やキリスト教などは、おもに信じる人の心のあり方をあつかいます。

しかし、イスラームはそれだけにとどまりません。ふだんのふるまいや人とのつきあい方、社会でどのようにして生きていくかなど、その人の生活にも大きくかかわってくる教えが数多くあるのです。たとえば豚肉を食べてはいけない、1日5回礼拝をしなくてはいけない、進んで貧しい人のために寄付をするなど、たくさんのきまりがあり、それを守ることがなによりだいじなこととされています。

そうした人々が集まったイスラームの社会では、法律や教育、政治や経済、文化など社会のしくみ全体が、イスラームにもとづいて、信者どうしの連帯感をもって運営されます。

このように、イスラームはほかの大きな宗教に増して、信仰だけでなく、行動を大切にする宗教であることがわかります。

断食明けを祝う人々
イスラームの断食が明けたことを祝う、イギリス・ロンドンのムスリム。2014年。

イスラームの教えは、その人の内面のことだけにかぎらないんだね

信者どうしでは口出ししない
イスラームではさまざまな行動のきまりや義務（→10ページ）があるが、守るのは個人の意思の問題とされる。きまりを守らない人を「よくない」と思っても、他人がとがめることはまずない。他人の心に立ちいることができるのは、神だけだからだ。

1章 中東ムスリムのくらし

ムスリムがしなくてはならないことってなに？

モスクでの集団礼拝
毎日欠かさずおこなわれる礼拝は、もっとも日常的な義務。世界じゅうのムスリムは、メッカにあるカーバ神殿に向かって毎日の礼拝をする。

●ムスリムが果たすべき義務

ムスリム（イスラーム教徒）は、アッラーをただひとつの神と信じ、アッラーが預言者ムハンマドに下したことばをまとめた聖典『クルアーン（コーラン）』や、イスラーム法（シャリーア）が定めるさまざまなきまりを守る人々のことです。なかでももっとも重要とされる「五行」（5つのおこない）を欠かさずつとめることが、ムスリムの義務です。

五行に喜捨がふくまれるように、ムスリムどうしで助けあうことはイスラーム（イスラーム教）ではとくに大切にされます。礼拝は個人でしてもかまいませんが、モスクなどに集まっておこなうほうがよりよいとされるのも、団結や分かちあいを大切にする宗教だからです。

信仰告白	「アッラーのほかに神はない。ムハンマドはアッラーの使徒である」と宣言すること。
礼拝	1日5回、聖地メッカの方向に向かってお祈りをすること（→28ページ）。
喜捨	財産をもつ人が、貧しい人々などのために寄付をすること。財産によって寄付する額や割合も決められている。
断食	イスラーム暦9月にあたるラマダーン月の日中に、一切の飲食を断つこと（→32ページ）。
巡礼	一生にいちどは、聖地メッカをおとずれ、決められた儀式をおこなうこと（→30ページ）。

ムスリムの5つの義務「五行」
これらは、アラビア語では「イスラームの柱」とよばれる。社会全体で同じ義務を果たすことが、国や民族をこえたムスリムの連帯感につながる。

 ムスリムが信じる6つのもの
「アッラー」「天使」「経典（『クルアーン』）」「預言者（→20ページ、22ページ）」「最後の審判（→15ページ、25ページ下）」「天命（→23ページ）」を「六信」とよぶ。この6つを心から信じたうえで、五行をつとめるのがムスリムの義務だ。

信仰告白、礼拝、喜捨、断食、巡礼が5大義務（五行）だよ。
ほかにも、『クルアーン』などが定めるきまりを守るんだ。

いろいろなイスラーム法

イスラーム法には、わたしたちが法律で禁じる犯罪にふくまれること以外にもさまざまな宗教上、生活上のきまりがある。豚肉やお酒が禁止されていることはよく知られている。アッラーや預言者の像をつくって拝むこと（偶像崇拝）も禁止だ。離婚は禁止されてはいないが、控えるべきこととされている。

●くらしに根づいたイスラーム法

『クルアーン』や、預言者ムハンマドのことばや行動などをもとにしたきまりを「イスラーム法」といいます（→20ページ）。イスラーム法には、五行などの「しなければならないこと」（義務）や、「してはいけないこと」（禁止）だけではなく、「したほうがよいこと」、「控えるべきこと」、「してもしなくてもかまわないこと」が細かく定められています。

しかし、日常生活のほとんどの行動は「してもしなくてもかまわないこと」にふくまれています。たくさんのイスラーム法を守ることで、むしろ安心して正しくくらし、アッラーを喜ばせ、死後に楽園に行くことができると考える人が多いのです。

たくさんのきまりを守って生活しているんだね

そうだ、ウラマーに相談しよう

ムスリムは『クルアーン』やイスラーム法を守って生活しますが、もちろん、すべての行動についての基準がはっきりと定められているわけではありません。毎日のくらしのなかでは、ある行動がイスラームとして正しいことなのか、判断にまようこともよくあります。

そんなとき、たよりになるのがイスラーム法学者のウラマーです。ウラマーは、『クルアーン』などのイスラームの教えやイスラーム法を深く理解している、ものしり博士です。イスラーム法に関する相談だけでなく、日常生活のこまごまとしたなやみごとにも、イスラームの教えにもとづいてアドバイスしてくれます。

相談者（左）とウラマー

利子がつかないイスラーム銀行
イスラームでは、働かずにお金をもうけることを禁止している。これにしたがっているイスラーム銀行では、お金をあずけても利子がつかない。ムスリムが一般の銀行に預金するときは、利子をふりこまないようにたのんだり、利子を喜捨に回したりする。

(11)

1章 中東ムスリムのくらし

ムスリムは1日をどんなふうにすごすの？

日の出前の礼拝が終わり、夜が明けたモスク
サウジアラビアのメディナにある預言者のモスク。これから1日がはじまる。

●朝は夜明け前から

　ムスリム（イスラーム教徒）の人々は、夜明け前の礼拝があるので、とても早く起きます。そのぶん、学校や会社がはじまるのも日本より早めです。

　最近の都市では少なくなりましたが、昼寝の習慣も広くみられました。朝起きるのが早いこともあり、外がいちばん暑い時間帯に寝てしまうのは、りくつに合ったことだったのかもしれません。

　わたしたちが使っている、太陽の動きをもとにした「太陽暦」では、年・月・日は真夜中の0時にはじまります。

　しかし、イスラーム社会で使われるイスラーム暦（ヒジュラ暦）は、月の満ち欠けをもとにした「太陰暦」で、新月から新しい月がはじまります。太陽がしずんだ直後、西の空にかすかに新月が見えたときが、新しい月のはじまる瞬間とされています。ですから、1年や1日がはじまるのも、同じように日没となるのです。

アルジェリアの市場で昼寝をする人
市場に屋台を出している床屋さんが、その場で昼寝をしている。

アザーン時計やスマホアプリ
アラームをアザーン（→右ページ）にした目覚まし時計がつくられている。またスマートフォンが普及して、世界のどこにいても、メッカの方向や礼拝の時間を教えてくれるアプリも登場している。最近は、こうしたアプリを使うことが一般的だ。

A

1日のはじまりは日没なんだ。
夜明け前の礼拝があるから、朝は早いよ。

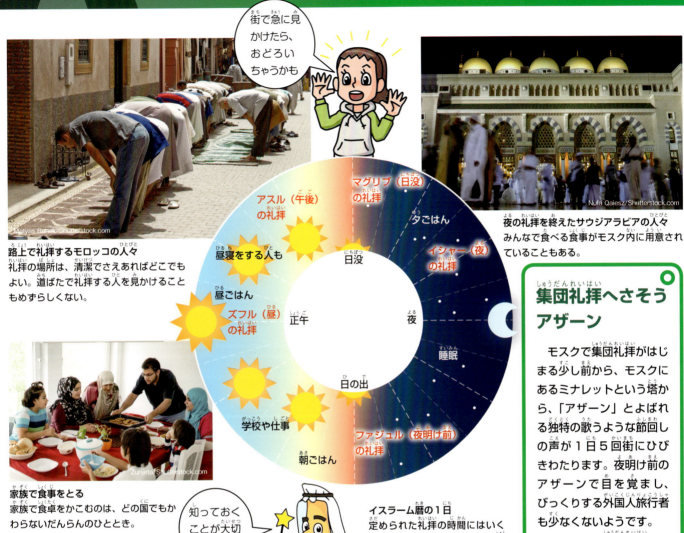

街で急に見かけたら、おどろいちゃうかも

路上で礼拝するモロッコの人々
礼拝の場所は、清潔でさえあればどこでもよい。道ばたで礼拝する人を見かけることもめずらしくない。

夜の礼拝を終えたサウジアラビアの人々
みんなで食べる食事がモスク内に用意されていることもある。

アスル（午後）の礼拝
マグリブ（日没）の礼拝
夕ごはん
イシャー（夜）の礼拝
昼寝をする人も
日没
昼ごはん
夜
ズフル（昼）の礼拝
正午
睡眠
日の出
学校や仕事
ファジュル（夜明け前）の礼拝
朝ごはん

家族で食事をとる
家族で食卓をかこむのは、どの国でもかわらないだんらんのひととき。

知っておくことが大切だね

イスラーム暦の1日
定められた礼拝の時間にはいくらかのはばがあり、モスクの集団礼拝に参加しない場合は、時間内に個別で礼拝をおこなう。太陽の運行をもとに時間が決められているため、季節によって多少のずれがある。

集団礼拝へさそうアザーン

モスクで集団礼拝がはじまる少し前から、モスクにあるミナレットという塔から、「アザーン」とよばれる独特の歌うような節回しの声が1日5回街にひびきわたります。夜明け前のアザーンで目を覚まし、びっくりする外国人旅行者も少なくないようです。
　アザーンは集団礼拝への参加をよびかけるもので、世界のどこでもことばは決まっており、モスクに集うようさそいます。

学校に通う
小学校の教室は男女で分かれている国と、男女いっしょに勉強する国がある。

礼拝の時間は、1日に5回あるんだね

チュニジアのミナレット

片道80km以上の旅行中は礼拝回数をへらしてもよい
旅行中は、礼拝の前に決められたとおりに体を清めるのがむずかしかったりする。そのため、昼と午後の礼拝のラカア（セット）を短縮していっしょにすることができる。基準となる80kmは、ラクダが1日に歩くおおよその距離。

13

1章 中東ムスリムのくらし

ムスリムはどんな一生を送るの？

メッカに巡礼にきたおじいさんと赤ちゃん
赤ちゃんは神アッラーからのさずかりものなので、その教えを守るように、つまりムスリムとして育てられる。

●小さなムスリム

ムスリム（イスラーム教徒）の親から生まれた子どもは、生まれたときからムスリムになります。
誕生後すぐに、赤ちゃんの耳に信仰告白のことば（→10ページ）を聞かせることがあります。はじめてことばを聞くことが、ムスリムとしての最初の儀式になります。
生後7日目には、お祝いがおこなわれます。親族や友人が集まって『クルアーン（コーラン）』を読みあげ、父親が赤ちゃんの名前を発表します。そのあとは、お祝いのパーティーがにぎやかにおこなわれ、特別な羊の肉のごちそうなどがふるまわれます。

おさない子どもへのイスラーム教育
両親によってはじめられ、7～8歳ごろには礼拝などを大人と同じようにおこなうことが多い。モスクに付属する教室や学校に通う場合もある。

親孝行することも、『クルアーン』で定められた子どもの義務なんだよ

誕生のお祝い
7日目の命名式のあと、赤ちゃんの髪の毛をそる習慣がある。両親は、それと同じ重さの銀にあたる金額を貧しい人々に喜捨することがある。これで赤ちゃんが、はじめて喜捨の義務を果たすことになるとも考えられている。

A

ムスリムの子は、生まれたときからムスリムなんだよ。
アッラーを信じ、楽園に行けるよう、義務やきまりを守ってくらすんだ。

トルコでのムスリムの結婚式
モスクでおこなわれることが多いが、自宅ですることもある。まんなかのふたりが花むこと花よめで、外側のふたりは式の立会人だ。
ZouZou/Shutterstock.com

●結婚

イスラーム（イスラーム教）の教えでは、子どもを生み育ててムスリムをふやすことはよいことだと考えられています。そのため、イスラーム法（シャリーア）では、結婚はできるだけ「したほうがよいこと」にふくまれます。しかし、正式に婚約していない男女が交際するのはのぞましくないこととされています。また、結婚するときには、夫から妻に結納金が支払われるきまりです。もし離婚しても、夫はこれをとりかえしてはいけません。

トルコでのムスリムの葬儀
埋葬の前に、なくなった人の罪が許されるよう、アッラーに祈りをささげる。
©Alamy/PPS通信社

●死とお葬式

なくなったムスリムは、世界の終わりに復活し、現世でのおこないによって、楽園（天国）に行くか地獄に行くか、神の最後の審判を受けると信じられています。ムスリムがなくなると、のこされた人々は、その人の罪が許され、楽園へむかえられることを祈ります。

遺体を焼くことはよくないとされており、遺体は顔をメッカの方向に向けて土にうめられます。また、なくなった人や先祖を信仰することは許されていません。

ムスリムの名前

ムスリムの名前は、キリスト教徒などと同じく、宗教的な指導者（→20ページ）などにちなんだものが多くつけられます。

命名式に集まる人々と赤ちゃん

名前	意味・由来
アーイシャ	ムハンマドの妻のひとり
アブドゥッラー	アッラーのしもべ
アブドゥルラフマーン	慈悲深い方（アッラーの別名の一つ）のしもべ
イーサー	預言者のひとりであるキリスト教のイエス
イブラヒーム	預言者のひとりである『旧約聖書』のアブラハム
サイード	幸運な
ザハラ	花
ファーティマ	ムハンマドの娘のひとり
マルヤム	イーサーの母で、キリスト教のマリア
ムーサー	預言者のひとりである『旧約聖書』のモーセ

家族をなくしたあとは
生死はアッラーの定めた運命であり、死別しても楽園での再会を信じるため、一時的な別れという感覚がある。そのため喪中という考え方はないが、夫をなくした女性は4か月と10日間独身のままでいなければならないという。

学校ではどんな授業がおこなわれているの？

●宗教の時間があるイスラーム圏の学校

毎日通う、国語や算数の時間がある、宿題が出るなど、大きくみれば、中東の学校も日本の学校とそれほどかわりません。しかし、ちがうところもいくつかあります。

まず、授業があるのが日曜日から木曜日までの5日間であること。休みは金曜日と土曜日です。これは、イスラーム社会では会社や役所も同じです。

国によってもちがいますが、『クルアーン（コーラン）』などイスラーム（イスラーム教）の勉強をする時間があることも多いです。日本には仏教やキリスト教の時間がある私立学校がありますが、中東では公立であっても、イスラームを教えることがあります。

サウジアラビアなど、イスラームの教えをきびしく守るとされる国では、小学校から男女の教室が分かれています。男の先生が男子を、女の先生が女子を教えます。

また、多くのモスクに付属して、イスラームの教えを中心に教える学校もあります。こうした学校は伝統的に喜捨の精神で運営され、貧しい家庭の子どもでも教育を受ける機会があります。

●女子教育はイスラームに反する？

なかには、女子には教育は必要ないという考えが広まっている地域もあります。そのような地域では、女子が勉強をしたいと思ってもむずかしく、ときには身に危険がおよぶこともあります（→1巻13ページ）。

しかし、そういった考えはイスラームの教えとは関係ありません。日本でも、100年ほど前までは女子教育は不要と考える人が少なくありませんでした。どの宗教を信じていても、女性を低くみて知識をあたえないようにする、古い考えがのこっていることはあります。

●教育熱心なムスリム

『クルアーン』をはじめ、イスラームの教えでは、教育をとても大切なものだと考えています。小学校から大学まで無料で教育を受けられる国が少なくありません。

りっぱなムスリム（イスラーム教徒）になることはもちろん、近年では若者の人口がふえている国が多いことから、しっかり勉強してよい仕事につこうとする人が多くなっています。中東の識字率（文字が読み書きできる人の割合）は比較的低い時代がつづきましたが、近年になって若者の識字率は向上してきました。このことは、「アラブの春」（→1巻16ページ）といった社会運動にも大きな影響をあたえたといわれています。

イラクの私立学校
洋服の制服を着て、男女いっしょに勉強している。先生も洋服で、髪の毛もかくしていない。写真は、英語の授業のようす。

ヨルダンの学校
きれいにかざりつけられた教室。男女いっしょに勉強している。先生は髪をおおい、地中海東岸でよく見られるコートを着ている。

『クルアーン』を学ぶ子どもたち
男女いっしょに勉強している。ムスリムは東南アジアにも多くくらしている（→44ページ）。写真は、東南アジアのマレーシアの学校のようす。

学校も朝型
朝はとても早く、7時台、あるいは6時台から授業がはじまることもめずらしくない。夜明け前の礼拝があるため、イスラーム社会の朝が全体的に早いからだ。そのぶん、小学校では授業がお昼までのところもある。

A 日本の学校と同じような国語や算数の時間のほかに、イスラームの教えを学ぶ時間があるんだよ。

イランの学校
この学校の授業は男女別で、上の写真は女子の教室。ほとんどの子どもが髪をおおっている。写真は、日本の図工にあたる授業のようす。

アラブ首長国連邦の学校
教室は男女で分けられていて、上の写真は男子の教室。手前の子どもは洋服で、奥の3人は伝統的なワンピース型のガラベイヤ（→40ページ）を着ている。

アラブ首長国連邦の学校の音楽隊
女子生徒たちによる合唱と器楽合奏のようす。髪はおおっておらず、ほとんどが洋服を着ている。

（吹き出し）国によってずいぶんようすがちがうようだね

（吹き出し）教室のふんいきは日本とよく似ているよ

世界最古級の大学 アズハル大学

エジプトの首都カイロにあり、起源は10世紀にさかのぼる、世界でもっとも歴史ある大学のひとつです。伝統的にイスラーム法（シャリーア）や神学、アラビア語などの研究と教育がおこなわれてきましたが、現在ではそれらにくわえて、医学部や工学部も備える近代的な総合大学になっています。

エジプトのカイロにあるアズハル・モスク
アズハル大学は、このモスクの付属学校としてはじまった。

日本でのイスラーム教育
日本には、仏教系やキリスト教系の学校はたくさんあるが、イスラーム系の学校はまだない。そのいっぽうで、各地のモスクでは、日本でくらすムスリムの子どもたちのために、イスラームを教える教室を開くところが多くある。

ムスリムの人たちは世界にどのくらいいるの？

1章 中東 ムスリムのくらし

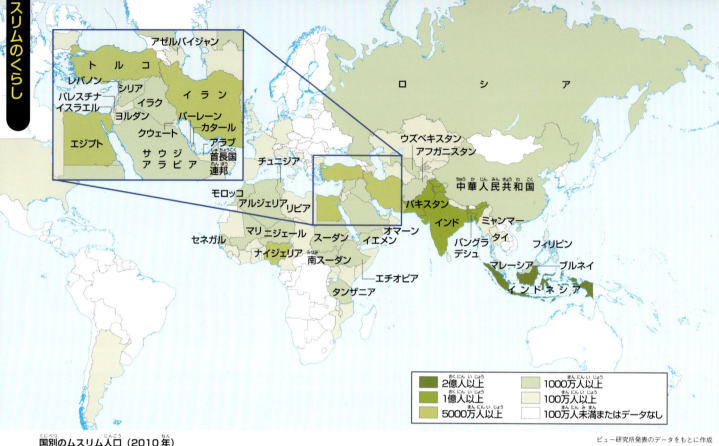

国別のムスリム人口（2010年）　　　　　　　　　　　　　　　　　　　　　　　　　　ピュー研究所発表のデータをもとに作成
世界最大のムスリム人口をかかえるのは東南アジアのインドネシアで、2億人以上のムスリムがくらしている（→45ページ）。2番目のインドには2億人近いムスリムがくらしているが、全人口が13億人以上いるので、それでも国内では少数派になる。イスラームを国教とするサウジアラビアでは、国民の全員がムスリムだ。

●世界の4人に1人がムスリム

　世界にはおよそ70億人がくらしているといわれていますが、2010年の時点でもっとも多かったのは約22億人いるキリスト教徒でした。ムスリム（イスラーム教徒）は2番目に多く、約16億人です。日本に住むムスリムはまだ少ないですが、世界全体ではおよそ4人に1人がムスリムなのです。
　日本や欧米では、生まれる子どもの数が年々少なくなっており、人口もへっていくとみられています。いっぽう、イスラーム（イスラーム教）の国々では生まれる子どもの数が多いので、世界の人口にしめるムスリムの割合は増加しています。
　約50年後の2070年には、キリスト教徒とムスリムの人口がならぶともいわれています。そのころには、世界の3人に1人がムスリムになると考えられています。

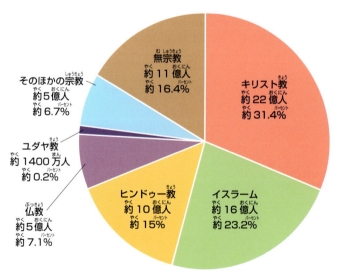

2010年の世界の宗教人口の割合
世界のムスリム人口は、仏教徒の約3倍だ。

日本のムスリム人口
人口約1億2700万人である日本のムスリム人口は、約13万人といわれ、イスラーム諸国出身者がその大半だ。ムスリム人口は、これからもふえていくと予想されている。日本人ムスリムは、およそ4万人といわれている。

A

世界でおよそ16億人もいるんだ。
世界の4人に1人がムスリムだよ。

●イスラームの2大宗派

ふえつづけるムスリムのなかには、大きく分けて「スンナ派」と「シーア派」の2つの流れがあり、そのなかでさらに細かい宗派に分かれます。

スンナ派とシーア派が分かれたのは、預言者ムハンマドの死後、だれがムハンマドのかわりになり、ムスリムの社会を率いていくべきかという問題がきっかけでした（→2巻14ページ）。

そのため、いまでも両派には宗教指導者に関する考え方にちがいがあります。また、毎日おこなう礼拝のやり方が少し異なるなど、くらしのうえでのちがいがのこっています。

もっとも、一般の人々は、ふだんそのちがいをはっきり意識しているわけではないようです。

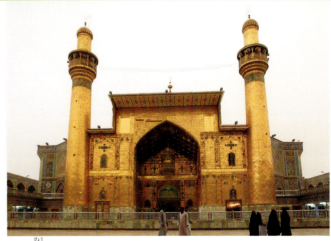

アリー廟
イラクのナジャフにある、シーア派の聖地。第4代正統カリフのアリーのお墓として8世紀末ごろにたてられた。廟とは、なくなった人をまつる建物のこと。

	スンナ派	シーア派
社会の指導者	預言者ムハンマドの代理としてカリフが指導。カリフとは「代理人」「後継者」という意味で、共同体の合意により選ばれる。現在は、イスラーム社会全体が認めるカリフはいない	第4代正統カリフ・アリーの子孫がイマームとなって指導。イマームとは「指導者」「お手本になるもの」という意味。現在は、イマームはいない
礼拝の回数	1日5回。旅行中にかぎり短くしてもよい（→13ページ下）	1日5回、または3回
信・行	六信五行（→10ページ）	五信十行（→下）
聖地	メッカ、メディナ、エルサレム	左記にくわえ、歴代イマームの霊廟があるナジャフ、カルバラーなど
聖人	いない	アリーを中心に、歴代イマームを聖人とする（ただし崇拝はしない）
偶像崇拝	禁止。神や預言者などの絵をえがくこともさける	禁止だが、聖人を絵にえがくことはある（ただし崇拝はしない）
大切にすること	広い合意（衆議）	法学者の指導
政治との関係	イスラーム法（シャリーア→20ページ）がそのまま法律になる国から、政治と宗教をきっぱり分ける国までさまざま	イマームが国の政治を指導するべきだと考えるが、現在はいないので、イランでは法学者が指導している

スンナ派、シーア派の分布
イランにもっともシーア派が多い。イラクでもシーア派が多いとされる。

イラン革命とシーア派指導者

イランは、世界でもっともシーア派の割合が高い国で、1979年におきたイラン革命以降は、シーア派法学者の考え方によって、イスラームにもとづいて国が運営されるようになりました。イランには**大統領や大臣**もいますが、国を代表するシーア派最高指導者が、政治を指導するしくみになっています。

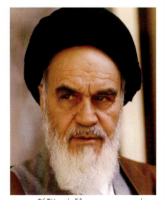

イラン革命を指導したホメイニ師

シーア派の五信十行
「神の唯一性」「神の正義」「預言者」「イマーム」「来世」が五信。十行は、「礼拝」「喜捨」「断食」「巡礼」にくわえ、「5分の1税」「努力（ジハード）」「善行」「悪行の阻止」「預言者とその家族への愛」「預言者とその家族の敵との絶縁」の10となる。

もっと知りたい！ 中東

神のことば『クルアーン』

『クルアーン』
右から左に読むアラビア文字で書いてある。決して読みまちがえてはいけないので、子ども向けのものでなくても、ふりがなのような読み方の記号が細かくふってある。

■神のことばをそのまま記した聖典

『クルアーン（コーラン）』は、唯一神アッラーがムハンマドに下した啓示を記したイスラーム（イスラーム教）の聖典です。ユダヤ教やキリスト教の聖典とはちがい、神のことばがアラビア語でそのまま記されているものとされています。アラビア語以外に翻訳されたものは、神のことばそのものではなくなるため、あくまでも『クルアーン』を理解するための参考書としてあつかわれます。

アッラーはただひとつの神なので、ユダヤ教やキリスト教の神とも同じ神とされています。イスラームでは、ムハンマド以前に現れたモーセやイエスも、同じ神の教えを受けとった預言者として尊重されています。さらに、同じ神を信じるユダヤ教徒やキリスト教徒を「啓典の民」とよび、ほかの異教徒と異なる態度をとってきました。

しかし、『クルアーン』こそが正しく神の教えを伝える最後の聖典であるとされ、そのため『クルアーン』とムハンマド以降には経典も預言者もありません。また、最後の聖典である『クルアーン』には、『旧約聖書』や『新約聖書』など、それ以前の経典の内容の記述もふくまれています。

イスラームの5大預言者

ヌーフ（ノア）
「ノアの箱舟」の話で知られるが、『クルアーン』では、預言者ヌーフの警告を信じなかった不信心者たちが洪水にのまれたと語られる。

イブラヒーム（アブラハム）
ユダヤ人とアラブ人の共通の始祖とされ、ユダヤ教、キリスト教、イスラームを「アブラハムの宗教」とよぶ。

ムーサー（モーセ）
ユダヤ人の指導者。ムハンマド以前のもっとも偉大な預言者として尊重されている。

イーサー（イエス）
ユダヤ人。キリスト教とは異なり、イスラームでは「神の子」とはされていない。

ムハンマド
イスラームの開祖。最後にして最大の預言者。

■イスラーム法の根拠は4つ

預言者ムハンマドが生きているあいだは、神がムハンマドに下す啓示と、ムハンマドの行動や発言がイスラーム法（シャリーア）になっていました。ムハンマドの死後、神のことばは『クルアーン』にまとめられ、ムハンマドの行動と発言は『ハディース』とよばれ、『クルアーン』のつぎにだいじな聖典とされています。

イスラーム社会が拡大するにつれ、『クルアーン』や『ハディース』でも対応できない問題がふえていきます。合意を大切にするムスリムは、複数の法学者による議論によって結論を出す制度をつくりました。また法学者が、『クルアーン』や『ハディース』、過去の判断の例をもとにして判断することもありました。これらをそれぞれ、『イジュマー』、『キヤース』とよびます。

イスラーム法は、『クルアーン』、『ハディース』、『イジュマー』、『キヤース』、これら4つの根拠からなりたつルールなのです。

『クルアーン』の勉強をする人々
サウジアラビアのメディナにある預言者のモスクで。世界各地からおとずれた人々が、『クルアーン』の正しい読み方や意味を熱心に勉強している。

2章 イスラームってどんな宗教？

▲サウジアラビア・メッカの巡礼のようす。イスラーム第一の聖地だ。

写真提供：メレー・アナス・ムハンマド

イスラームを広めたムハンマドってどんな人？

2章 イスラームってどんな宗教？

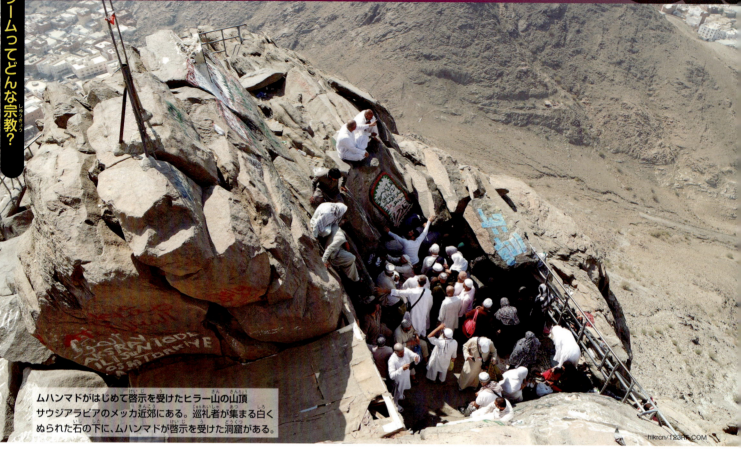

ムハンマドがはじめて啓示を受けたヒラー山の山頂。サウジアラビアのメッカ近郊にある。巡礼者が集まる白くぬられた石の下に、ムハンマドが啓示を受けた洞窟がある。

●誠実な人 ムハンマドが預言者に

ムハンマドは570年ごろ、アラビア半島のメッカで、クライシュ族のハーシム家に生まれました。ハーシム家は商人の家で、ムハンマド自身もすぐれた商人として育ちます。まじめで、人々からしたわれ「アミーン（正直者）」ともよばれていました。

ムハンマドは40歳ごろになると、瞑想にふけることが多くなります。岩山の洞窟で瞑想していたあるときのこと、ムハンマドはとつぜん天使ガブリエルの「誦め」という声を聞きます。「私は誦めるものではありません」とこたえますが、またもや「誦め、誦め」と体をしめつけられます。このときムハンマドはおどろき、おそれをいだいて妻のハディージャのもとに走り、ふとんにくるまったといわれます。しかし、そのハディージャや親戚たちの説得とはげましにより、神アッラーから使徒としてえらばれたのだ、と自覚するようになります。

このときを境に、ムハンマドはしばしば神のお告げを受けるようになります。こうしてムハンマドは、アッラーのお告げを人々に広める役割を背負った、預言者となりました。

サウジアラビアのメッカとメディナの位置
メッカはムハンマドが生まれた土地で、イスラームでもっともとうとい聖地。メディナはメッカで迫害を受けたムスリムが移住した町。当時はヤスリブといった。

最初の信者はムハンマドの妻ハディージャ
はじめて啓示があったとき、15歳上の妻ハディージャは「神様のお告げにちがいない」といってムハンマドをなぐさめ、最初の信者となった。こういう誠実な人こそ預言者にふさわしい、と考えたといわれる。

570年ごろメッカで生まれ、神アッラーから
お告げを受けた、イスラームの預言者だよ。

●聖遷「ヒジュラ」をへて

はじめメッカの人々の多くは、ムハンマドの言うことに耳をかしませんでした。そのころアラビア半島で広く信じられていたのは多神教であり、アッラーを唯一の神とするイスラーム（イスラーム教）は、受けいれられなかったのです。迫害を受けたムハンマドとムスリム（イスラーム教徒）は、622年にメッカの北にある町メディナに移住します。これを「ヒジュラ（聖遷）」といいます。ムハンマドはメディナで布教活動をつづけ、信者をふやしていきました。「ウンマ」とよばれるイスラーム共同体をつくり、礼拝所であるモスクも、ここではじめてたてました。

その後ムハンマドは、いくたびかの戦いで勝利をおさめ、630年にメッカの部族を降伏させます。こうしてアラビア半島の大部分がウンマにとりこまれました。

ムハンマドは、632年に63歳で生涯を閉じました。布教活動は23年ほどと長くはありませんでしたが、イスラームは、いまや世界で2番目に信者の多い宗教となりました。

メディナの預言者のモスク
イスラーム共同体によって、最初につくられたモスクが起源。はじめはムハンマドの住居もかねていたとされている。

預言者自身も「わたしは人間で、神はアッラーだけだ」と言っていたんだよ

預言者ムハンマドの生涯

570年ごろ	メッカに生まれる。父はすでになかった。
575年ごろ	母と死別し孤児に。祖父、のち叔父にあずけられる。
595年ごろ	最初の妻ハディージャと結婚する。
610年ごろ	ヒラー山の洞窟ではじめて啓示を受ける。
614年ごろ	メッカで本格的に布教をはじめる。
622年	メッカを出てメディナへ移住する。
624年	バドルの戦いでメッカ軍をやぶる。
630年	メッカを解放。住民のほとんどがムスリムに。
632年	メッカへの別離の巡礼後、なくなる。

アッラーって、どんな神様なの？

アッラーは唯一絶対の創造神であると同時に、いつも信徒の首の血管よりも近くあって、その人のことをすべて知っているとされています。

ムスリムは、天災から毎日の小さなできごとまで、すべてはアッラーによる天命なのだと信じています。人の生死も、ときには義務の礼拝や断食をおこなう気分になれないことさえ、天命だと信じるのです。ですからムスリムは、礼拝や断食をぶじにつとめることができると、アッラーに感謝します。

イスラームのきまりはたくさんありますが、アッラーはとてもやさしいので、その人の能力以上のことをもとめることはないといいます。

アッラーの最大の特徴は、いつくしみと愛の深さです。その美しい性質を表す名前が99あるといわれ、一部が『クルアーン（コーラン）』に書かれています。

アラビア文字で書いた「アッラー」
イスラームでは偶像崇拝が禁じられているため、神を絵や像の形で表すことはできない。そのためか、複雑で美しいかざり文字を使う書道が発展した。「アッラー」は、「ムハンマド」や、アッラーの名においてという意味の「ビスミッラー」とならび、書道の題材によく用いられる。

預言者は商人だった
モーセやイエスなどムハンマド以前の預言者は職業が不明だが、ムハンマドは、ラクダのつらなる隊商に参加したことなどが伝わっており、商人だったことがわかっている。

2章 イスラームってどんな宗教？

イスラームって きびしい宗教なの？

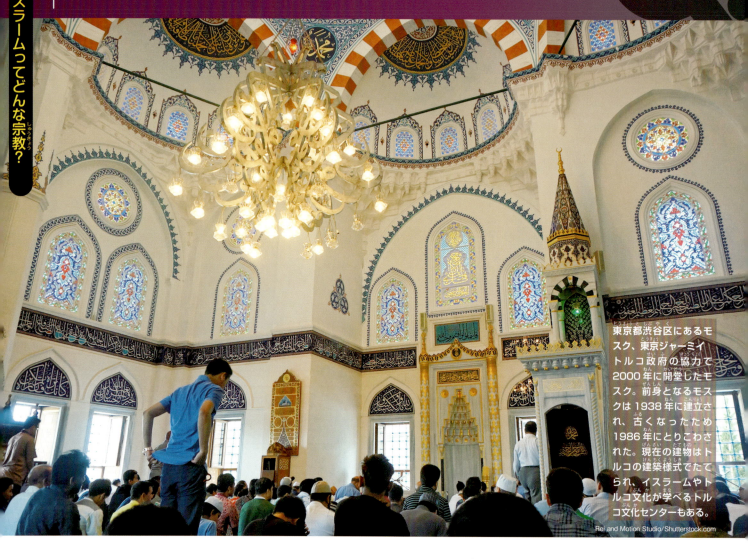

東京都渋谷区にあるモスク、東京ジャーミイ。トルコ政府の協力で2000年に開堂したモスク。前身となるモスクは1938年に建立され、古くなったため1986年にとりこわされた。現在の建物はトルコの建築様式でたてられ、イスラームやトルコ文化が学べるトルコ文化センターもある。
Rei and Motion Studio/Shutterstock.com

●きびしいのに16億人も信者が？

　イスラーム（イスラーム教）というと、きびしくて少し近よりがたい宗教というイメージがあるかもしれません。いろいろなきまりや義務（→10ページ）があるからでしょう。または世界各地でおきている、テロなどのニュースのなかで、イスラームということばを耳にするからかもしれません。
　しかし現在ムスリム（イスラーム教徒）は、世界で16億人もいるのです（→18ページ）。もしほんとうに、きびしくて大変な宗教なら、これほどまでにたくさんの人が信者になることはなかったでしょう。
　きびしい宗教というイメージは、ムスリムではない人のイスラームに対する思いこみが生んだ誤解といえるでしょう。

マレーシアのモスクで喜捨をするムスリム
ムスリムの義務のひとつ、財産に応じた喜捨（→10ページ）。熱心なムスリムほど、たとえ異教徒であっても弱い者を守りたい気持ちをいだいている。
Casa nayafana/Shutterstock.com

　「アッラー」は神の名前？
　アッラーはアラビア語で「崇拝されるもの」という意味で、神の名前ではない。アラブ人のユダヤ教徒やキリスト教徒も、それぞれの神（すべて同じ神→36ページ）のことを「アッラー」とよんでいる。

A

イスラームの外から見ると、きびしく見えるけど ムスリムにとっては、あたりまえのことなんだ。

●生活のなかのあたりまえ

イスラームには、お祈りをしなくてはならない、豚肉を食べてはいけない、お酒を飲んではいけない、偶像をまつってはいけない、などいろいろなきまりがあります（→11ページ）。

しかし、こうしたものはムスリムからすれば、神に喜ばれ、よりよい生活を送るために決められたことなので、きびしいとは感じていません。

日本にくらすわたしたちも、家族を大切にする、礼儀正しくする、約束や時間を守るなどのように、毎日の生活のなかであたりまえに守っていることがあります。イスラームの戒律といわれていることには、そうした日常のマナーもふくまれ、守ることでアッラーからごほうびを頂けると信じているのです。

また守るべきことはたくさんありますが、アッラーはとても心がやさしいので、しかたがなく守れないようなときは、大目に見てくれる、とされています。わたしたちが考えるほどには、ムスリムはきびしいと思っていないのです。

アッラーは心やさしい神様なんだ

●平和を愛する宗教

ここ数年、中東やヨーロッパの国でのテロや暴力のニュースがとてもふえました。こうしたニュースで、イスラームが関係しているといわれることもあります。それによって、イスラームはこわい、というイメージをもつ人がいるかもしれません。

しかし、イスラームのまちがった解釈からそうした過激な行動に出る人は、16億人のうちのほんとうにわずかな数にすぎません。そのわずかな人がおこす行動が、ニュースや新聞などで大きくとりあげられ、あやまった印象をあたえてしまっているのです。いうまでもなく、大部分のムスリムは、心から平和を愛する人々です。

イスラーム差別への反対デモをおこなう人々
欧米ではイスラームやムスリムに対する風あたりが強まっているが、ムスリム以外の人々もふくめ、多くの人々が平等な社会の実現に向けて声を上げつづけている。横断幕には「イスラームへの偏見に反対」と書いてある。

信者はみな平等で上も下もない

ムスリムは、神アッラーのもとにすべての人が平等です。身分の上下もなく、性別や国籍、肌の色、職業などで差別されることはありません。それを象徴するように、男性はメッカの巡礼ではみんな白い2枚の布を着ておこないます（女性はとくにきまりはない）。

また、キリスト教の神父や牧師、仏教のお坊さんのような地位の人もいません。モスクなどでお祈りをするときにも（→28ページ）、横一線にならんでおこないます。

お祈りも横一線に
地位や肌の色に関係なく、一列になってお祈りをする。

最後の審判を信じるムスリム
イスラームでは、世界の終わりに死者がよみがえり、生前のおこないによって、楽園に行けるか地獄に落ちるかの審判が神から下されることになっている。たくさんのきまりや義務を守るのも、よいおこないを積もうとするのも、楽園に行くためだ。

2章 イスラームってどんな宗教？

女の人の権利が弱いってほんとう？

パキスタンのブット元首相
任期1988年〜1990年、
1993年〜1996年。

インドネシアのメガワティ元大統領
任期2001年〜2004年。

メルケル・ドイツ首相と握手する、バングラデシュのハシナ首相（左）
任期1996年〜2001年、2009年より現職。

●女性の地位が極端に低かった中東

　日本でも、ほんの70年ほど前まで、女性は父親や夫にしたがい、家の仕事に専念するのがよいとされた時代がありました。親どうしが決めた結婚をし、自分の財産を管理する権利もなかったのです。これは宗教とはほとんど無関係なことです。
　イスラーム（イスラーム教）以前のアラビア半島では、女性の地位は極端に低かったようです。外で仕事もできず、自分の財産を管理するどころか、女性自身が男性の財産とされるようなありさまでした。生まれた赤ちゃんが女の子だと、親にころされてしまうことがめずらしくなかった、ともいわれています。
　こうしたなかで預言者となったムハンマドは、女性に多くの権利を保証しています。イスラーム法（シャリーア）では、結婚には男女の合意が必要だとされています。また、女性（妻）の財産は女性のものとされ、夫が勝手に使うことはできないとされました。

バニー・エテマード監督（左）とマフマルバフ監督（右）
ともに世界的に活躍するイランの映画監督。

イスラーム世界で活躍する女性たち
日本では女性の首相がまだ出ていないいっぽう、イスラームの国々では、早くから国を引っぱる女性リーダーが登場し、活躍している。また、イスラームの戒律がきびしいイランでも、女性の映画監督の割合が日本や欧米よりも高くなっている。これからも、こうした活躍する女性たちが現れることだろう。

日本では、まだ女性の首相は出ていないよね

イランでは、日本や欧米よりも女性の映画監督の割合が高いんだって

12人の妻をもったムハンマド
ムハンマドの時代、あるていどのお金を持った男性は複数の妻と結婚するのがふつうで、ムハンマドは生涯で12人の妻をもったとされる。12人目の妻をむかえたあと、「妻は4人まで」とする啓示がムハンマドに下されたという。

イスラームの教えのなかで、女性を男性と差別してみていることはなく、
基本的に男性と対等な女性の権利が説かれているよ。

夫をなくした女性と赤ちゃん
イスラームで複数の妻がみとめられることは、教えができた当時にはふつうだったことにくわえ、弱い立場の女性や子どもを助けるため、という目的が重要だったことを合わせて理解する必要がある。

妻たちを平等にあつかうことは、ともにすごす日数、住居や生活費、プレゼントの数など、あらゆる面におよびます

●一夫多妻制の理由

イスラームでは、1人の男性が4人まで妻をもつことをみとめています。このことによって、女性を男性より軽視しているのではないか、という考えもあります。

このようなきまりができたのは、ムハンマドが生きていたころ、戦争でなくなる男性が多く、夫をなくした妻や親をなくした孤児がたくさんいたことが背景にあるとされています。そのような弱い立場の人々を助けるために、経済的に余裕のある男性が、とくに子どもがいる母親を妻とすることができるようにしたというのです。

たしかに男性が複数の女性と結婚することは許されていますが、それには妻たちをあらゆる面で平等にあつかわなければならないという条件があります。

2人以上の妻をもつことは、経済的にも負担が大きいので、法のうえでは可能でも、じっさいに複数の妻をもっている人は、現在ではそれほど多くはありません。

●服装の自由とは

ムスリム（イスラーム教徒）女性は、外出時には髪や肌をかくすことがもとめられます。わたしたちは自由に服装をえらべないことをきゅうくつに感じますが、「神が喜ぶよいおこない」だとしてきまりを守る女性にとって、髪や体の線をかくせないことは、とても恥ずかしく不自由なことです（→41ページ）。

女性だけでなく男性にもかくすべき体の部分があり、肌を見せすぎることはきらわれます。また、男女とも異性をじろじろながめるべきではないとされています。

大切な人　それはお母さん

あるとき信者に「いちばん大切にするべき人はだれか」と聞かれたムハンマドは、「母親だ」とこたえました。「2番目に大切な人は」と聞かれると、やはり「母親だ」とこたえました。3番目のこたえもまたまた「母親だ」。4番目にようやく「父親や、そのほかの親族だ」とこたえたといわれています。

このことからも、ムスリムにはとりわけ母親思いの人が多いようです。もちろん父親やほかの家族をだいじにすることはいうまでもなく、たとえ意見がちがっても、親に対して乱暴なことばを使ってはならないとされています。

両親への感謝を説いた『クルアーン（コーラン）』の一部

わたし（アッラー）は、両親への態度を人間に指示した。母親は、苦労して子どもを胎内で養い、生まれたあと離乳まで2年かかる。わたしと、あなたの父母に感謝しなさい。わたしに最後の帰りどころはあるのである。（「ルクマーン」章第14節）

アッラーは命じられる。アッラーのほか、なにものも崇拝してはならない。また両親に孝行しなさい。もし両親かまたそのどちらかが年寄りになっても、かれらに「ちえっ」とか荒いことばを使わず、親切なことばで話しなさい。そして敬愛の情をこめ、両親に対し謙虚にやさしくして、「神よ、幼少のころ、わたしを愛育してくれたように、2人の上にご慈悲をお授けください」と祈るがよい。（「夜の旅」章第23節・24節）

ムハンマド自身も孤児だった
親を大切にするように説いたムハンマドは、生まれたときにすでに父親がおらず、母親とも子どものころに死別している。こうしたなかで、弱い人やめぐまれない人への同情心が育まれたとされている。

2章 イスラームってどんな宗教？

モスクって なにをするところ？

シリアのダマスクスにあるウマイヤド・モスク
もとはキリスト教会で、7世紀から8世紀にかけてモスクにつくりかえられたため、両方の特徴がある。現存する世界最古のモスクといわれている。

●像も聖職者もない礼拝所

　モスクは、第一に礼拝をおこなうところです。1日5回の礼拝時間に個人または集団での礼拝がおこなわれ、金曜日にはとくに大きく重要な集団礼拝がおこなわれます。同じモスクでも、大きなドームを備えた巨大なものから、街角の小さなものまでさまざまです。

　キリスト教の教会に似ていますが、大きなちがいは、神や預言者をまつっているわけではない、ということです。イスラーム（イスラーム教）では、偶像崇拝を禁じています（→11ページ）。モスクで人々は像ではなく、神アッラーそのものと心の中で直接向きあい、祈りをささげているのです。

「指導者はいても、キリスト教の神父のような、聖職者ではないんだよ」

イスラームでは、預言者もふくめてすべての信徒が神と直接向きあうと考える。神と一般の信者のあいだをとりもつ聖職者がいないのはそのため。守るべききまりもすべての人に共通だ。

モスクは英語
アラビア語では、平伏する場所という意味の「マスジド」という。これが形をかえながらヨーロッパに伝わり、英語の「モスク」になった。都市にあり、大規模な金曜礼拝がおこなわれる大きなモスクのことを「ジャーミイ（ジャーミウ）」という。

A
ムスリムが礼拝をおこなうところだよ。礼拝だけでなく、勉強や雑談などのために、人々が集まる場所なんだ。

トルコのモスクにあるミフラーブ（左）と説教壇
くぼんでいるミフラーブのほうを向いて祈る。金曜日の特別な集団礼拝では、右の階段の上から指導者が宗教的な話をする。

ミナレット
集団礼拝の前に、参加をよびかけるアザーンを流す塔（→13ページ）。

ミフラーブ
メッカの方向を示すミフラーブというくぼみがかならずある。聖なる場所ではない。

水場
礼拝の前に、決められた手順で体を清める。体が清められていることは、礼拝が有効になる条件のひとつ。

モスクの基本的な構造
国や地域によってちがいがあるが、あるていどの規模のモスクであれば、図のようなものを備えている。

寝ころんでいる人もたくさんいるね。祈るだけの場所ではないんだね

●聖地メッカに向かって礼拝
モスクの内部はシンプルで、じゅうたんがしかれた礼拝のための空間が広がっています。正面の壁にはミフラーブとよばれるくぼみがあり、これが聖地メッカの方向「キブラ」を示しています。ムスリム（イスラーム教徒）は、ミフラーブがある壁に向かって横の列をつくり、礼拝をします。ミフラーブにあるなにかを拝んでいるわけではありません。
礼拝の前には体が清められていなければならないので、モスクの入り口付近にはそのための水場も用意されています。肌を出す水場はもちろん、礼拝スペースも男女別になっていることが一般的です。

●いこいや集いの場
モスクには、集団礼拝のほかにもさまざまな目的で人々がおとずれます。集団礼拝以外の時間にめいめいに礼拝をする人もいます。
礼拝している人のじゃまになる商売などの行為は禁止ですが、そうでなければなにをしてもかまわず、勉強や雑談、昼寝をしている人もいます。イスラーム法（シャリーア）やくらしの相談をしにくる人もいます。
このように、モスクは礼拝の場だけにとどまらず、人々が集まる公民館や集会所のような場所でもあるのです。ムスリムは、自分たちのモスクをとても誇りに思っています。

集団礼拝がおこなわれていないときのモスク
メッカのカーバ神殿があるモスク、マスジド・ハラーム。世界から巡礼者がおとずれる、イスラームでいちばん大切な聖地だが、ここでも人々は思いおもいにすごしている。

日本にもあちこちにあるモスク
最初にできたのは1935年に開堂した神戸ムスリムモスク。1990年代からふえはじめ、小さいものをふくめ100か所をこえている。最近では建物を買いとって改装する例が多くなり、留学生の団体により大学の近所に開設されるところも出てきた。

巡礼って どんなことをするの？

2章 イスラームってどんな宗教？

メッカ巡礼時のモスク「マスジド・ハラーム」
カーバ神殿（中央の黒い建物）をかこむようにつくられている。写真は夜明け前の礼拝が終わったところ。

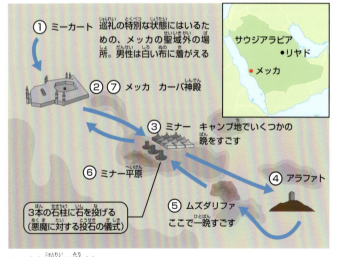

メッカと巡礼の道すじ
イスラーム暦12月におこなわれる大巡礼は数日間にわたり、決められた行程のとおりに①から⑦の場所をめぐって、礼拝や儀式をおこなう。

① ミーカート　巡礼の特別な状態にはいるための、メッカの聖域外の場所。男性は白い布に着がえる
②⑦ メッカ　カーバ神殿
③ ミナー　キャンプ地でいくつかの晩をすごす
④ アラファト
⑤ ムズダリファ　ここで一晩すごす
⑥ ミナー平原　3本の石柱に石を投げる（悪魔に対する投石の儀式）

●メッカ巡礼はムスリムのあこがれ

　イスラーム暦12月におこなわれる聖地メッカへの巡礼は、アラビア語では「ハッジ」といい、ムスリム（イスラーム教徒）の5大義務のひとつです（→10ページ）。

　メッカはサウジアラビアにあり、巡礼では、カーバ神殿がある大モスク「マスジド・ハラーム」をはじめ、周辺のいくつかの場所を決められた順序でめぐって儀式をおこないます。

　ほかの4つの義務と異なり、巡礼には、経済的・体力的に可能なら一生にいちどはという条件がついています。交通が発達した現代では、世界各国からメッカをおとずれることも、昔にくらべればかんたんです。それでもたくさんのお金がかかるので、だれにでもできることではありません。

　そのためイスラーム世界では、メッカ巡礼を果たした人のことを尊敬します。巡礼のために、一生懸命働いてお金を貯める努力をした、深い信仰心をもっている人とされるからです。

メッカの方角
ムスリムが礼拝をおこなう、メッカのカーバ神殿の方角を「キブラ」という。日本からはだいたい西北西にあたる。以前は地球上のどこにいてもキブラがわかる、キブラコンパスが使われていたが、近年はスマートフォンのアプリにかわった。

A

聖地メッカで、決められた礼拝や儀式をおこなうんだ。
一生にいちどはおこなうべき、ムスリムの義務だよ。

カーバ神殿
カーバは立方体という意味。石づくりの建物に黒い布がかけられており、内部は空洞。周囲を反時計回りに7周する儀式を何度もおこなう。

巡礼者たち
男性は全員が2枚の白い布だけを着る。巡礼者が神のもとで平等であることの表れとされる。女性は全身をおおう服を着て、顔だけを出す。

メッカ郊外のミナーのテント群
世界じゅうからおとずれる200万人近い巡礼者は、ここに宿泊する。燃えにくい素材でつくられており、エアコンもついている。

メッカ郊外のアラファトにある慈悲の山に登る巡礼者たち
ムハンマドが最後のメッカ巡礼で、別れの説教をした場所といわれている。巡礼者は神に祈りながらアラファトで長い時間をすごす。巡礼のクライマックス。

カーバ神殿はイスラーム以前からあった

日本では「カーバ神殿」とよばれることが多いですが、神をまつっているわけではなく、内部は空っぽでなにもありません。通常は巡礼者が立ちいることもありません。

カーバ神殿は、唯一の神をあがめるための神殿として、太古の昔から存在していたといいます。しかし、時代とともにそのことが忘れられ、アラビア半島には多神教(→23ページ)が広まりました。ムハンマドの時代のカーバ神殿には、360もの神像が収められ、崇拝されていたとされます。

それでもムスリムたちは、カーバ神殿を礼拝の方向を示す印としていました。ムハンマドたちは、メッカを解放するとカーバ神殿の神像を破壊して、「アッラーのみを崇拝する聖なる場所」という形にもどしたのです。

カーバ神殿の黒石と警備する警察官
黒石は、神殿を作る場所を示すために天から落ちてきたとされている。かつてムハンマドがそうしたという伝承により、巡礼者は黒石にキスしようとするが、おおぜいが集まるのでむずかしく、指さすだけでもよいとされる。

メッカ巡礼のおみやげ
神の名前をくり返しとなえながら、その数を数えるのに使うじゅずや、ナツメヤシの実、香油などが人気だ。なかでも聖なる泉とされる「ザムザムの泉」の水は、国外では手にはいらないので、多くの人がビンにつめてふるさとへのおみやげにする。

ムスリムは断食をして水も飲まないってほんとう？

2章 イスラームってどんな宗教？

「断食中にしては、ずいぶんにぎやかだね」

ラマダーン月の夜の街（トルコ）
夜はむしろふだん以上ににぎやかになり、おそくまでの友だち付きあいもふえる。のぞましくないこととされているが、夜間にかえって食べすぎて太ってしまうこともある。

●ごほうびが増すラマダーン月

　イスラーム暦9月にあたるラマダーン月は、預言者ムハンマドに最初に『クルアーン（コーラン）』のお告げがあったとされる、神聖な月です。天国の門が開き、地獄の門が閉じて、よいおこないをするとそのごほうびが増すといわれます。ムスリム（イスラーム教徒）の義務（→10ページ）のひとつである断食は、この月におこないます。

　断食は、食べることも水を飲むこともできない苦しいおこないですが、それによって食べもののありがたさが体にきざみこまれます。食べものをあたえてくれる神をうやまう心も強くなります。また、飲食をしないだけではなく、いつも以上にイスラーム（イスラーム教）の教えを守り、怒りなどの悪い感情もおさえます。

　1か月の断食が終わったあとのお祭りでは、多くの人が喜捨をおこないます。断食はこうした慈善のおこないによって完結するとされているため、ラマダーン月は「慈悲の月」ともよばれるのです。

義務以上の礼拝　イスラームの勉強　慈善行為
日中の飲食　争いごと　悪口　たばこ

ラマダーン月にしたほうがよいこと（上段）と控えるべきこと（下段）

スポーツ選手の断食
スポーツ選手もラマダンの期間中は断食をしなくてはならないが、体調管理の面で水分や栄養は必要なので、個人の判断でおこなう時期をずらすこともある。また遠征時なども、旅行中として一時的に中断したり、断食にかわる慈善行為でおぎなったりする。

毎年ラマダーン月の日中に断食をするんだ。
日の出の少し前から日没までは、水も飲まないよ。

●断食するのは日中だけ

断食は、日の出の1時間半くらい前から日没までおこないます。日没の礼拝を終えると、イフタールとよばれる食事をとります。同じ断食をやり通したムスリムとしての一体感を高めるため、礼拝におとずれたモスクに用意されたものをおおぜいで食べたり、家に帰って家族みんなでそろって食べたりするのがふつうです。

分かちあいの精神を重視するムスリムにとって、イフタールはそれを実現する大切なひとときです。

デーツ
ナツメヤシの果実を干したデーツは胃腸にやさしく、糖分が豊富で高カロリーのため、断食のあと最初に食べるとよいとされている。

モスクでのイフタール
イフタールはおおぜいでともに食事を分けあうことに意味がある。貧富の差に関係なく、だれでも受けいれて平等に食事をする。

●子どもは食事をへらすことから

断食は5大義務のひとつですが、体に大きな負担をかけることのできないお年寄りや重病人、妊婦などは、無理にしなくてもよいとされています。子どもも免除されますが、大人になるにしたがって、できるようにならなければなりません。

およそ14、5歳までには大人と同じようにできるようになることをめざし、食事の量や回数をへらすなどして、少しずつ体をならしていきます。

ラマダーン月の断食が免除になる場合
妊娠中の女性や旅行中の人は、断食できなかった日数ぶんだけ、あとでやりなおすことができる。また、理由もなく断食をやぶるのは罪だが、やりなおしも可能とされている。

うっかり食べてしまったとしても、食べるつもりでなかったのならだいじょうぶなんだって

お年寄り

重い病人やけが人

体力が足りない人

赤ちゃんや子ども

妊娠している女性

旅行中の人

約3年で1か月ずれる断食の時期
イスラーム暦は、ムハンマドがメディナにうつった622年が元年（→23ページ）。月の満ち欠けによる太陰暦で、1年は354日と短く、同じ日付でも少しずつ季節がずれていく。ラマダーン月が夏になると、日中が長いので断食の負担も大きい。

なぜ豚肉やお酒が禁止されているの？

2章 イスラームってどんな宗教？

アラビックコーヒー（→右ページ）を飲みながらくつろぐ人々
ムスリムはお酒を飲まないかわりに、紅茶やコーヒーを飲んでくつろぐ。茶わんは右手で持つ。

●食べもののきまり

ムハンマドがイスラーム（イスラーム教）を広めはじめたころには、お酒も飲まれていたようです。『クルアーン（コーラン）』の楽園の描写では、「飲んでも酔わないおいしいお酒がたくさん飲める」といったことも書いてあります。

『クルアーン』によると、あるときお酒に酔ったムスリム（イスラーム教徒）が、礼拝のことばをまちがえてしまいました。神に祈りをささげようとする正しい心が、酔いにじゃまされたのです。こうしたことから、判断力を失わせるお酒はよくないものとされ、禁止されていったと考えられています。

いっぽう、豚肉やそのほかの禁じられた食べものについては、くわしくはわかっていません。当時の中東に、豚をけがれた生き物と見なす考えが広まっていたともいわれています。

●種類にかぎらない食のルール

ムスリムが食べてよいものを「ハラール」、豚肉やお酒のように禁じられたものを「ハラーム」といいます。血抜きが不十分な肉や、みりんのようにアルコールをふくむ調味料もハラームです。飢え死にしそうなときにはハラーム食品を食べてもかまいませんが、そうした極限状態以外では、ハラール食品だけを食べるのがきまりです。

ハラールとハラームのルールは、食品の種類だけではありません。牛肉や羊肉、野菜なども、決められたとおりに処理されていなかったり、ハラーム食品といっしょに輸送されたり、ハラーム食品をあつかった調理器具や食器にふれたりすれば、ハラームになってしまいます。

ハラーム
ハラール
食器や調理器具を清める。

ハラールとハラーム
最終的に口にはいるものだけでなく、料理酒など、調理のとちゅうでハラーム食品を使うことも許されない。ハラーム食品にふれた食器や調理器具を清めずに使うこともできないので、日本のようにハラームの考え方がない社会では、ハラールをつらぬくことは、なかなかむずかしい。

食品にかぎらないハラールとハラーム
ハラールとハラームは、本来は食べものにかぎらず、あらゆるものごとについて、イスラームの教えに適合しているかどうかをいうことばだ。豚は、肉を食べることだけでなく、革や毛を使った品物も、ハラームとされている。

豚はけがれた生きものだからともいわれているよ。
お酒は、酔って信仰をおろそかにしないためだよ。

●世界的に広がるハラールへの対応

中東などのイスラーム社会で流通している食品は基本的にハラールですが、日本のようにムスリムが少数派の地域では、たとえ食材の種類がハラールだとしても、生産から加工や輸送、調理の過程がすべてハラールかどうかわかりません。これではムスリムは安心して食事ができません。

ハラール認証とは、食品ができるまでの全工程を審査し、ハラールであることを証明する制度です。日本でも飲食店や食品会社が認証を受けることがふえ、ハラールマークを見かける機会も多くなりました。

マレーシアのファストフード店に掲示されたハラールマーク
ハラールマークは、お店で売られる商品のパッケージや、飲食店の入り口などに掲示され、ムスリムにとって判断の助けになる。ハラール認証をおこなう機関は世界各国にたくさんある。

日本でも、仏教の教えにもとづいて、牛や豚など4本足の動物の肉をさけていた時代があるんだよ

いまでもベジタリアンという、肉や魚を食べない人もいるね

最近、街でこういう看板をよく見かけるようになったよ

●お酒のかわりにお茶やコーヒー

お酒を飲まないムスリムの人々が、長いあいだ好んできたのがお茶やコーヒーです。お茶は中国から、コーヒーはアフリカから伝わり、中東でさかんに飲まれてきました。宴会でもお酒が出ないかわりに、お茶やコーヒーを飲みながらのんびりとおしゃべりをするのが、イスラーム社会ではよくおこなわれています。

中東の伝統的なコーヒーの飲み方は、コーヒー豆の粉を紙や布でこしません。コーヒー豆とスパイスを煮出したアラビックコーヒーは、色も黒くなく、まるでべつの飲みもののようです。

紅茶
冷やして飲むことはあまりない。砂糖を多めに入れ、ミントやハーブを入れることも多い。客をもてなす大切な飲みものとされる。

アラビックコーヒー
アラビア語では「カフワ・アラビーヤ」という。カルダモンなどのスパイスといっしょにコーヒー豆を煮出したもの。アラビア半島の遊牧民ベドウィン（→4巻28ページ）が客をもてなすためにコーヒーをふるまう文化は、世界無形文化遺産に登録されている。

飲みおえたトルココーヒー
トルコ語では「テュルク・カフベシ」という。中東の伝統的ないれ方では、コーヒー豆から成分を出したあと、日本や欧米のように、紙や布で豆の粉をこさないので、飲みおわるとカップにかすがのこる。トルココーヒーも、世界無形文化遺産に登録されている。

会社や大学に広がるムスリム・フレンドリー
飲食店や食品会社だけでなく、会社の社員食堂や大学の学生食堂などでも、ハラールの食材や調理方法を使い、ムスリムに配慮した食事を提供するところが日本でもふえてきている。ムスリム・フレンドリーとは、ムスリムにやさしいという意味。

もっと知りたい！中東

同じひとつの神を信じる3つの宗教

嘆きの壁
古代ローマ帝国によって西暦70年に破壊された、ユダヤ教のエルサレム神殿の壁。神殿を失ったユダヤ人は、壁に向かって民族の悲劇を嘆き、祈りをささげる。

■中東で生まれた3つの一神教

ユダヤ教、キリスト教、イスラーム（イスラーム教）を、ユダヤ人とアラブ人の始祖とされる預言者の名前から「アブラハムの宗教」といいます。3つの宗教の神は、よび名はちがってもみな同じひとつの神です（→20ページ）。

■ユダヤ人の宗教 ユダヤ教

これらのうち最初に生まれたのはユダヤ教で、紀元前6世紀ごろまでには教えが整っていたとされます。ユダヤ教では、神はユダヤ人とだけ特別に約束をむすび、ユダヤ人はそれを守ることで救われると考えます。神との約束は聖典『タナハ』にまとめられています。

現在のイスラエル周辺に住んでいた古代ユダヤ人は、2世紀以降、ローマ帝国に迫害されて散りぢりになりましたが、信仰や文化を守りつづけました。第二次世界大戦後、ユダヤ人国家としてイスラエルが建国されると、世界じゅうからユダヤ人が集まりました。

■地中海東岸のキリスト教世界

1世紀のはじめ、ユダヤ人のイエスが、当時のユダヤ教のあり方を批判して宗教活動をおこないました。その死後、イエスをキリスト（救世主）で、神の子だと信じて生まれたのがキリスト教です。

イエスは、たとえ敵であっても大切にする隣人愛を説いたため、キリスト教は民族や人種に区別なく広まりました。ユダヤ教の聖典『タナハ』を引きついだ『旧約聖書』と、イエスの伝記などからなる『新約聖書』を聖典とします。

イスラーム以前には中東でもっとも広く信じられており、とくに地中海東岸は信仰がさかんな地域のひとつでした。レバノンやシリア、トルコの一部、エジプトには、現在でもキリスト教を信じる人々がくらしています。

ユダヤ人の服装
イスラームほど厳格ではないが、女性は髪をかくす、なるべく手足の肌を出さないなど、イスラームとよく似たきまりがある。男性はキッパーという小さな帽子をかぶり、その上からつばつき帽子をかぶる人もいる。これもムスリム（イスラーム教徒）のターキーヤとクーフィーヤによく似ている（→40ページ）。

エルサレムの聖墳墓教会にあるイエスの墓に参列する人々
4世紀に、イエスの墓の上にたてられたとされる教会。なかにはあらためてつくられたイエスの墓があり、キリスト教の聖地となっている。ユダヤ教の嘆きの壁、イスラームのアクサー・モスクや岩のドームと合わせて、エルサレムにはアブラハムの3宗教の聖地がある。

3章 中東の衣食住

▲モロッコ・マラケシュのジャマ・エル・フナ広場の屋外レストランで。

中東にはどんな人たちが住んでいるの？

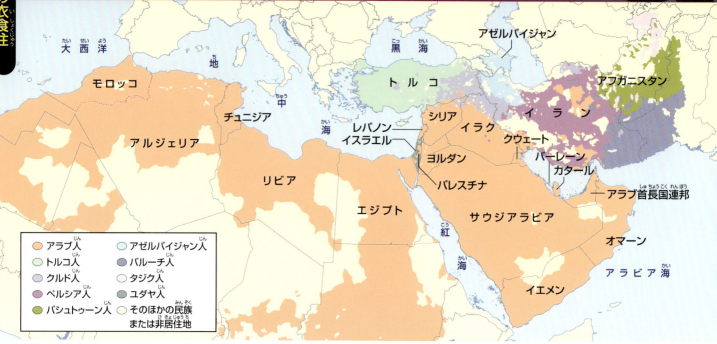

中東の民族の分布
イスラームは7世紀に現在のサウジアラビアで生まれ、8世紀なかばごろには北アフリカやイランにまで広がった。そのなかでアラブ化が進み、各地の民族がイスラームに改宗していった。現在の国境線は、民族とは無関係にヨーロッパの国々によって引かれたものが多く、紛争の原因になっている。

●中東に住む多くの民族

アジア、アフリカ、ヨーロッパという3つの大陸が接する中東は、古代からたくさんの民族が行きかった場所です。

アラビア語は、もともとアラビア半島に住むアラブ人のことばですが、イスラーム（イスラーム教）が民族をこえて広まるとともに、宗教だけではなく日常の慣習まで、アラブ人のものが広まっていきました。多くの国々ができたいっぽうで、『クルアーン（コーラン）』のことばであるアラビア語を共有し、「イスラーム社会はひとつ」という考え方もあったので、20世紀までは、民族や国民といった意識があまり育たなかったといわれます。

中東の主な民族

アラブ人

主な言語 アラビア語
①アッサラーム・アライクム
②シュクラン

特徴
アラビア語を話す、というゆるやかな共通点でまとまっている。肌の色や慣習が異なるさまざまな人種がふくまれる。アラビア語を話すキリスト教徒もいる。

トルコ人

主な言語 トルコ語
①メルハバ
②テシェッキュル・エデリム

特徴
もとは中央アジアやモンゴルに住んでいた騎馬民族。巨大なオスマン帝国を築いたため、トルコ人の文化は中東各地に影響をのこしている。

①は「こんにちは」、②は「ありがとう」の意味を表すそれぞれのことば。

中東での握手
男性どうしはあいさつのときに握手をすることが多いが、「不浄の手」とされる左手は使わない。だき合ってあいさつすることもめずらしくない。また、男女どうしでは握手しないのがふつう。男性が見ず知らずの女性に声をかけることは、よくないとされている。

アラブ人、トルコ人、ペルシア人などが住んでいるよ。
民族の分布と国境線はほとんど関係ないんだ。

アラビア文字と算用数字

アラビア文字は右から左に横書きします。くねくねとした線がつづき、文字の切れ目もよくわからず、一見むずかしそうなアラビア文字ですが、日本語や英語など欧米の文字も、印刷技術が発展するまではつなげて書くのがふつうでした。アラビア文字の場合、印刷やコンピュータの画面でも、つなげるべき部分はつねに文字をつなげて書きます。

下の文字は、アラビア語でありがとうを表す「シュクラン」です。4つの文字をこのようにつなげて書きます。

また、わたしたちが現在使っている算用数字は、アラビア文字の数字が形をかえながらヨーロッパに伝わってできたものです。アラビアの数字の形をよくのこしている数字もあります。

アラビア文字は右から書きますが、数字だけはわたしたちの算用数字と同じように、左に大きな位の数字をつなげずに書き、左から読みます。

アラビア文字で書いた「シュクラン」（ありがとう）
①1、2、3文字目の一部を書き、②4文字目、③1文字目の点、④2文字目のななめの線を書いていく。

アラビア文字の数字（上段）と算用数字
算用数字のことをアラビア数字とよぶこともある。アラビア語圏では、現在でも上段の形の数字が主流。

クルド人

主な言語 クルド語
①セラーム
②ヘージビー

特徴
トルコ、イラク、イラン、シリアなどにまたがる山岳地域などに住んでいる。「自分たちの国をもたない最大の民族」（→1巻30ページ）といわれる。

ペルシア人

主な言語 ペルシア語
①サラーム
②メルシー

特徴
イランでいちばん多い民族。イスラーム以前には中東で大帝国を築いていた。国名のイランは、ペルシア人の祖先アーリア人にちなんだもの。

パシュトゥーン人

主な言語 パシュトー語
①サラーム
②マナーナ

特徴
アフガニスタンでいちばん多い民族。アフガニスタンとパキスタンにまたがる山岳地帯で、遊牧をおこなってきた。伝統的な慣習を強くのこしている。

 アラビア語には方言がいろいろ
『クルアーン』がアラビア語で書いてあるため、アラビア語はイスラーム社会で国をこえた共通語になっている。話しことばでは地域ごとの変化（方言）が激しく、うまくコミュニケーションできないこともあるが、もとはひとつのアラビア語だ。

中東の伝統的な服はどんなもの？

●男性の伝統的服装

中東の伝統的な服装は、きびしい暑さと強い日ざしから身を守るために、全身をおおうものとなっています。

とくにアラビア半島で正装とされるのが、すっぽりとかぶるように着る白いワンピース型のガラベイヤです。頭には、ターキーヤというぴったりした帽子をかぶり、その上からクーフィーヤというスカーフをかぶることもあります。これらは、強い直射日光から頭や顔を保護するほか、クーフィーヤで鼻や口をおおうことで砂まじりの風をさけることもできます。

国によってちがいはありますが、都市では日ごろからこうした伝統的な服を着ている男性は少なくなってきました。しかし、あらたまった場ではいまでも好まれています。

伝統的な服装を着た中東の男女
強い日ざしや暑さから体を守る目的と、宗教にもとづく決めごとが、伝統的な中東の服装を形づくっている。写真はアラブ首長国連邦のドバイ。

ターキーヤ
ぴったりした小さめの帽子。刺繍がされていることも多い。

クーフィーヤ
シマーグ、グトラなどともいう。白無地や赤、黒などのもようがついているものがあり、地域や部族などによって異なる。

ガラベイヤ
トーブ、カンドゥーラともいう。白が多い。季節によって生地の厚さがかわる。

クーフィーヤの国別スタイル
クーフィーヤのかぶり方は国によってかわり、その時々の流行もある。

バーレーン

カタール

アラブ首長国連邦

サウジアラビア

髪の毛をかくすと尊敬される？
イスラーム圏に行くときには、男女とも、半ズボンやミニスカートなどの肌を大きく出す服装をしていると、だらしないとか、失礼だと思われてしまうこともある。女性の場合は、髪の毛をかくすなどすると、よい印象をもたれやすい。

A

全身をゆったりとおおう服が多いよ。
暑そうだけど、乾燥しているからこのほうが涼しいんだ。

●女性の伝統的服装

イスラーム（イスラーム教）では、女性は身内以外の男性に、美しいとされている部分を見せないようにします。手足の先と顔以外は肌を出さず、髪の毛をかくすのはどこの地域でもあまりかわりありません。顔や全身をすっぽりおおうかどうかなどは、国や地域、個人の考え方でかわります。

スカーフで髪をおおって外出することを禁じたヨーロッパの国もありますが、髪の毛や顔をかくすことをのぞむムスリム女性にとって、これらを見られることはとても恥ずかしいことなのです。

しかし、こうした服装は外出着で、家族や女性だけですごすときには、あざやかな色のドレスや洋服を着ることもあります。

ヒジャーブ
洋服を着ても、髪の毛をおおうヒジャーブだけは着ける人が多い。

ニカーブとアバーヤ
ニカーブは、目だけを出して頭をおおう。アバーヤは、首から下をおおうコート。

チャドル
顔は出し、頭から全身をつつむマントのような衣服。イランに多い。

ブルカ
目の部分は網になっている。アフガニスタンの伝統衣装。

ヒジャーブを着けた女性たち
女性の服装は地域による差が大きい。ペルシア湾に面した国々では外で髪をかくすことを義務とする国もあるいっぽう、トルコや北アフリカなどでは髪をおおわない人も多い。写真は、2009年カナダのバンクーバーで開かれたイスラーム文化博覧会でのようす。

イスラームとあごひげ

ムスリムの男性の多くは、あごひげを生やしています。ムハンマドのことばに「口ひげは短くし、あごひげはのばしておきなさい」というものがあるためです。ムハンマドは、爪やわきの下の毛を手入れしておくように、とも言っています。

りっぱなひげをたくわえたモロッコの男性
ムハンマドのことばにしたがうなら、ムスリム男性はひげを切ってもよいが、そってはいけない。

ムスリム女性向けの水着もある
ムスリム女性の多くは、海水浴をするときにも、体をおおう服を着たまま泳ぐ。手足の先と顔以外はすっぽりとおおい、ゆったりとして体の線が出ないような、ムスリム女性向けの水着もつくられている。

3章 中東の衣食住

中東にはどんな料理があるの？

どれもおいしそう。食べてみたいなあ

●中東からヨーロッパにはいったスパイス

中東には、いろいろな料理があります。イスラーム（イスラーム教）を信じる地域では、禁じられた豚肉などの食材はもちろん使われません。それでも、地域の気候風土にあったさまざまな料理が生みだされてきました。

羊肉や鶏肉を使った料理が多く、そうした料理には、くさみ消しや保存のためのスパイス（香辛料）が欠かせません。それらの多くは熱帯地方の産物で、とくに東南アジアでとれるコショウは、貴重品とされてきました。

中東のムスリム商人たちは、海をこえてそれらのスパイスを手に入れ、ふんだんに使って中東料理の基礎をつくってきました。また、かつては同じように肉料理の多いヨーロッパにスパイスを高値で売って、中東に富をもたらしました。

トルコのイスタンブルの市場で売られるスパイス
中東の市場では、このようにスパイスが山盛りで売られている。

さまざまな主食
小麦の原産地のひとつはイラク周辺で、人類が栽培をはじめたのもそのあたりといわれる。そのため中東での主食はフブズとよばれる小麦粉のパン、とくにうすく中が空洞のピタが中心だが、日本と同じようにめんや米のご飯も主食としてよく食べられている。

42

主食は日本と同じく小麦やお米。羊肉が人気で香辛料を使ったスパイシーな料理が多いんだ。

●中東の料理いろいろ

写真を見ると、ふだん食べなれた料理に似ているような気がしませんか。中東の料理はヨーロッパの料理に影響をあたえているので、わたしたちが洋食として食べている料理のなかには、中東にルーツがあるものも少なくありません。

最近では、日本でも中東料理のお店がふえてきました。料理の味を知ると、中東への親しみが深まることでしょう。

ケバブ
おもに羊肉や鶏肉の焼肉。ケバブはトルコ語で、アラビア語ではシャワルマという。シシケバブは、くし焼きのケバブ。味つき肉を積みあげて焼き、けずりとって食べるドネルケバブは、日本の屋台でも見かける。

クスクス
そぼろ状の小麦粉を蒸した料理。北アフリカで広く食べられており、地域ごとに個性がある。

ブリーク
卵とツナを小麦粉の生地で包み、油で揚げたもの。チュニジアの伝統食。

フンムス
ゆでたヒヨコ豆とゴマのペースト。オリーブオイルをかけたり、パンにぬったりして食べる。

コシャリ
米とパスタと豆類などをまぜてトマト味に調理したもの。エジプトの庶民的な料理。

ファラフェル
空豆とヒヨコ豆をすりつぶしたものに衣をつけて油で揚げた料理。地域によって豆の配合がちがう。

カブサ
焼いた羊肉や鶏肉をのせた炊きこみご飯。アラビア半島の代表的な料理。

バクラヴァ
クルミやアーモンドなどを包んだパイに、はちみつや砂糖をかけたもの。中東の代表的なお菓子。

マクルード
アラブの伝統的な揚げ菓子。中にはデーツ(→33ページ)をすりつぶしたものがはいっている。

チャパティ
小麦粉だけを練って焼いたシンプルなパン。アフガニスタンやインド周辺で広く食べられている。

ピラフは中東料理だった
西洋料理のように感じられるピラフは、もともと中東からヨーロッパにはいったもので、それが日本に持ちこまれて定着した。11世紀の哲学者・医師のイブン・シーナーが書いた本にもみられる。インド料理の影響を受けているともいわれる。

東南アジアにもムスリムが多いってほんとう？

3章 中東の衣食住

インドネシアの首都ジャカルタ
女性のカラフルなスカーフや衣装は、東南アジアのイスラーム圏らしい光景。世界のムスリム人口は約16億人、その6割以上にあたる10億人がアジアに住むという。

●イスラームを国の宗教とする国も

　イスラーム（イスラーム教）は7世紀に中東で生まれましたが、ムスリム（イスラーム教徒）商人の活動にともなって、13世紀ごろから東南アジアのイスラーム化が進みました。現在では、世界でもっとも多くのムスリムがくらしている地域は東南アジアです（→1巻40ページ）。

　東南アジアの国々では、マレーシアとブルネイが、イスラームを国の宗教（国教）としています。ブルネイは国民の80％近くがムスリムですが、マレーシアでは60％ていどです。

　東南アジアの国の多くが多民族からなり、宗教や文化も民族によりさまざまです。そうしたことから、東南アジアでは、おおむね中東よりはゆるやかな形で、イスラームが根づいているといえます。

オールドモスク
ブルネイの首都バンダルスリブガワンにある、ブルネイ王室がたてたモスクのひとつ。ブルネイは、三重県ほどの面積に約40万人がくらす小さな国だ。

東南アジアのイスラーム化
ヨーロッパや中東と中国とのあいだを船で行き来するとき、かならず通る東南アジアは、たくさんの民族が行きかった点で中東と似ている。もとは仏教やヒンドゥー教の国が多かったが、中東からの商人との貿易を進めるなかで、人々にイスラームが広まった。

じつは世界でいちばん多く、なかでもインドネシアには
日本の人口よりたくさんくらしているよ。

●世界最大のムスリム国インドネシア

東南アジア南部の島国インドネシアには、日本の約2倍の2億5500万人の人々がくらしています。国民の約85％に当たる2億2200万人というムスリム人口は、世界最大です。中東地域でも、人口が多い国であるイランやトルコの人口は8000万人ほどで、しかもその全員がムスリムではありません。インドネシアのムスリムの多さは、けたちがいです。

これだけ多くのムスリムがくらしていますが、インドネシアは政治方針として「多様性のなかの統一」をかかげ、イスラームを国教とはしていません。さまざまな宗教や言語、文化をもつ民族が共存しています。

イスティクラル・モスク
インドネシアの首都ジャカルタにある、東南アジア最大級のモスク。礼拝所は、いちどに12万人が中にはいることができるほど広い。

マスジッド・ジャメ（手前）と金融街
マスジッド・ジャメは、マレーシアの首都クアラルンプールでもっとも古いモスクのひとつ。そのすぐとなりに、銀行などの巨大なビルが立ちならんでいる。

●ビジネスを引っぱるマレーシア

イスラーム金融が急成長しているのが、インドネシアの北の隣国マレーシアです。マレーシアは2000年代後半から、利子をとってはいけないなどのイスラーム法（シャリーア）にしたがわなければならないイスラーム圏の経済で、リーダー的な存在になりつつあります。

イスラームが国教ですが、ムスリム以外の多くの民族もまじりあってくらしていて、人口約3100万人のうち、ムスリムは60％ほどです。こうしたこともあり、ムスリムが食のルールを守る助けとして、ハラール認証（→35ページ）の制度を世界に先がけてつくり出したのはマレーシアでした。

●ムスリムが少数派である国

東南アジアのそのほかの国にも、ムスリムがくらしています（→18ページ）。インドネシアのような国よりも人口は少ないのですが、それでも日本よりはムスリム割合が高くなっています。

フィリピンでは、人口の5％ほどがムスリムです。面積第2の島ミンダナオ島では20％以上と比較的ムスリムが多く、内戦や原理主義組織の活動の舞台にもなっています。

ロヒンギャとよばれるミャンマーのムスリムはごく少数で、バングラデシュとの国境付近にくらしています。ミャンマー政府からは不法移民とみなされて弾圧を受けており、難民問題が発生しています。

ミャンマーの少数派ムスリム民族ロヒンギャ
ミャンマー政府や多数派の仏教徒住民らによる迫害からのがれ、隣国バングラデシュへ向かう難民たち。

多民族国家があたりまえの東南アジア
東南アジアでのイスラームは、古い慣習などにとけこむ形で広まっていった。ムスリムにならない人々や、さらには中国などから渡ってくる人々もいた。長いあいだおたがいの文化を認め合いながら共存し、多くの民族がくらす地域となっていった。

もっと知りたい！中東

伝統的な子どもの遊び

中東の子どもの遊びには、日本の子どもの遊びと似ているものがたくさんあります。

ガラス製のビー玉やおはじきは、エジプトなどの古代遺跡からも発見されています。また、かくれんぼ、おにごっこ、こま回しなど世界各地の子どもたちが遊んでいる遊びも見られます。そのほかにも、日本では少し昔によく遊ばれていたような遊びが、いまでも中東では人気があります。

ChameleonsEye/Shutterstock.com

サッカーをして遊ぶアラブ人少年たち
エルサレムのアラブ人地区で。サッカーは中東でもさかんだ。

日本の遊びにそっくり。遠いところだと思っていたけど、ちょっと身近に感じるね

腕とび・足とび
日本のゴムとびのように、中東では向かいあってすわった２人が腕や足をのばして障害をつくり、それをとびこえていく。

三目ならべ
石や貝がら、ナツメヤシの実などを砂の上に交互に置く。たて、横、ななめのいずれかに、自分の石を３つまっすぐ置いた人が勝ち。

手遊び
日本の「おちゃらかほい」「アルプス一万尺」のように、歌いながら遊ぶ。「せっせっせーの、よいよいよい」のような掛け声もある。

輪回し
金属の輪あるいは自転車のタイヤなどを、棒を使ってたおれないように、走りながらころがしていく遊び。

クーフィーヤ落とし
日本のハンカチ落としとほとんど同じ。おに以外の人は内側を向いて円くすわる。おには円の外側を回りながらだれかのうしろにクーフィーヤをこっそり落とす。落とされた人は、クーフィーヤをひろって、おにを追いかける。おにが追いつかれずに空いたところにすわることができれば、交代になる。

けんけんぱ
日本と同じく、地面にかいた円などの上で片足とびと両足とびをするものと、２チームに分かれて遊ぶものがある。２チームのものでは、片足を片手で持ち、けんけんをしながら相手の陣地をめざし、もう片方の手や体で相手のじゃまをする。チームの１人でも相手の陣地にたどりついたら、そのチームの勝ち。

さくいん

あ
赤ちゃん…14,26,27,33
アッラー…9〜11,14,15,20,22〜25,27,28,31
アフガニスタン…39,41,43
アブラハム…15,20,36
アラビア半島…22,23,26,31,35,38,40,43
アラビア文字…20,23,39
イエス…15,20,23,36
イスラーム（イスラーム教）…8〜12,14〜20,
　22〜29,31,32,34〜36,38〜42,44,45
イスラーム法（シャリーア）…10,11,15,17,19,20,26,29,45
イスラーム暦…10,12,13,30,32,33
イスラエル…36
一神教…36
一夫多妻…27
イラン…17,19,26,38,39,41,45
インドネシア…18,26,44,45
エルサレム…19,36,46

か
カーバ神殿…10,29〜31
家族…13,15,19,25,27,33,41
髪…16,27,36,41
喜捨…10,11,14,16,19,24,32
教育…9,14,16,17
キリスト教…8,9,15〜18,20,25,28,36,38
偶像崇拝…11,19,23,28
クルアーン（コーラン）
　…9〜11,14,16,20,23,27,32,34,38,39
クルド人…39
結婚…15,23,26,27
コーヒー…34,35
五行…10,11,19

さ
最後の審判…10,15,25
サウジアラビア…9,12,13,16,18,20,22,30,38,40
酒…11,25,34,35
死…11,15
シーア派…19
巡礼…10,11,19,22,23,25,29,30,31
食事…13,32,33,35
スンナ派…19

聖書…20,36
聖職者…9,28

た
断食…9〜11,19,32,33
茶…34,35
天命…10,23
東南アジア…18,42,44,45
トルコ…15,24,29,32,35,36,38,39,41〜43,45

は
パシュトゥーン人…39
ハディース…20
ハラール…34,35,45
ひげ…41
昼寝…12,13,29
フィリピン…45
服装…27,36,40,41
豚肉…9,11,25,34,42
ペルシア人…39

ま
マスジド・ハラーム…29,30
マレーシア…16,24,35,44,45
ミナレット…13,29
ミャンマー…45
ムスリム（イスラーム教徒）…8〜12,14〜20,
　23〜25,27,29〜36,41,42,44,45
ムスリム・フレンドリー…35
ムハンマド…9〜11,15,19,20,22,23,26,27,31〜34,41
メッカ…9,10,12,15,19,22,23,25,29〜31
メディナ…12,19,20,22,23,33
モーセ…15,20,23
モスク…10,12〜14,16,17,20,23〜25,
　28〜30,33,36,44,45

や・ら
ユダヤ教…9,18,20,36
ユダヤ人…20,36
預言者…9〜12,15,19,20,22,23,28,32,36
楽園…11,15,25,34
ラマダーン月…10,32,33
礼拝…9〜14,16,19,23,28〜34
六信…10,19
ロヒンギャ…45

監修

樋口美作 ひぐち みまさか
日本ムスリム協会理事。前会長。1936年新潟県生まれ。世界宗教者平和会議日本委員会監事。1962年早稲田大学法学部卒業後、エジプト政府留学生としてカイロ・アズハル大学に留学。1968年日本航空に入社しエジプト、イラク、サウジアラビアにて10年あまり勤務。2002年日本ムスリム協会会長に就任。著書に『日本人ムスリムとして生きる』(2007年／佼成出版社) がある。

佐藤裕一 さとう ゆういち
日本ムスリム協会理事。アラブ イスラーム学院研究員。イマーム・ムハンマド・イブン・サウード・イスラーム大学宗教原理学部卒業。専門はイスラーム宗教原理学・『クルアーン』学。サウジアラビア王国ファハド国王『クルアーン』印刷コンプレックスにおける『クルアーン』日本語訳プロジェクト翻訳担当。

協力
日本ムスリム協会
アラブ イスラーム学院
メレー・アナス・ムハンマド MELIH ANAS MOHAMMED
明治神宮

執筆
長島遥（ジオカタログ）
偕成社編集部

キャラクターイラストレーション
ミヤタジロウ

イラストレーション・地図
ふるやまなつみ
酒井真由美
ハユマ

地図調製（p18,19,38、裏見返し）
ジオカタログ
Portions Copyright © 2017 GeoCatalog Inc.

校正・校閲
鷗来堂

組版 DTP
ニシ工芸

編集・制作
ジオカタログ
小西麻衣・原口結・佐藤朝子・
武田佳奈子・戸松大洋（ハユマ）

写真協力
アルカハターニ・ナエフ、
アルサカビ・バセル、
アルアスマリ・マーディ、
アルカハターニ・ムシャリ、
PPS通信社、Madani Sindi、
Shutterstock、123RF

Q&Aで知る中東・イスラーム 3
イスラームの人々・ムスリム
そのくらしと宗教

発　行／2018年4月　初版1刷

発行者／今村正樹
発行所／偕成社
〒162-8450 東京都新宿区市谷砂土原町3-5
Tel:03-3260-3221 ［販売］03-3260-3229 ［編集］
http://www.kaiseisha.co.jp/

装丁・デザイン／岩郷重力+WONDER WORKZ。
印刷／大日本印刷
製本／東京美術紙工協業組合

48p　29cm　NDC167　ISBN978-4-03-705130-3
©2018, KAISEISHA　Published by KAISEI-SHA. Printed in Japan.
乱丁・落丁本はおとりかえいたします。
本のご注文は電話・ファックスまたはEメールでお受けしています。
Tel:03-3260-3221　Fax:03-3260-3222　e-mail:sales@kaiseisha.co.jp

おもな参考文献
渥美堅持『イスラーム基礎講座』(東京堂出版)／パトリシア・リーフ・アナワルト『世界の民族衣装文化図鑑1 中東・ヨーロッパ・アジア編』(柊風舎)／池上彰監修『池上彰監修！国際理解につながる宗教のこと2 宗教を知ろう』(教育画劇)／石山彰監修『国際理解に役立つ 世界の衣食住9 アジアの民族衣装』(小峰書店)／エイムック『本当のイスラームが知りたい』(枻出版)／大塚和夫責任編集『世界の食文化10 アラブ』(農山漁村文化協会)／柴宜弘編著『地図で読む世界史』(実務教育出版)／内藤正典『イスラームから世界を見る』(筑摩書房)／内藤正典『となりのイスラム 世界の3人に1人がイスラム教徒になる時代』(ミシマ社)／平田伊都子『新版 イツコのイスラーム入門』(第三書館)／文化学園服飾博物館編『世界の伝統服飾 —衣服が語る民族・風土・こころ—』(文化出版局)／松原直美『絵本で学ぶ イスラームの暮らし』(あすなろ書房)　このほか、日本ムスリム協会、日本イスラーム文化センターなど多数のウェブサイトを参考にしました。

世界のおもなモスク

ムスリム（イスラーム教徒）の礼拝場所であるモスク（→28ページ）は、日本をはじめ、世界じゅうにあります。ここでは、68のモスクを国別に紹介します。

ヨーロッパ主要部
1. ロンドン中央モスク
2. コルドバのメスキータ
3. グランド・モスケ・ド・パリ
4. ローマのモスク
5. ケルン中央モスク
6. ジュネーヴ・モスク
7. ユヌス・エムレ・モスク
8. ウェスター・モスク

ロシア・アフリカ
1. サンクトペテルブルク・モスク
2. クルシャーリフ・モスク
3. ジャーミウ・アルカラウィーン
4. クトゥビーヤ・モスク
5. グランド・モスク
6. アミール・アブドゥル・カーディル・モスク（アブド・アルカディール・モスク）
7. アルマスジド・アジャーミウ（カイラワーンの大モスク）
8. アハメド・パシャ・カラマンリー・モスク
9. アルマスジド・アルカビール
10. ジンガリベリ・モスク
11. ナショナル・モスク
12. マスジド・アンニーレイン

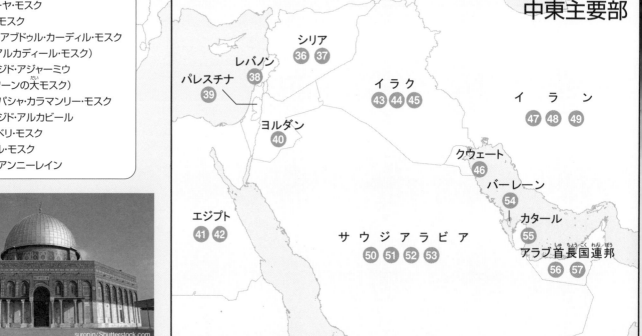

㊴ 岩のドーム・マスジド
エルサレムにある金色のドームをのせた建物。内部にムハンマドが昇天したとされる岩が保存されている。